精忠報國
Gutenberg
酒
青森りんご

せかい地図
できる孔子
おうぎし

Illustration／マサオ

# 世界史をつくった最強の三〇〇人

小前亮

星海社

3
SEIKAISHA
SHINSHO

# はじめに　つまらなくない「世界史の教科書」へようこそ

私は日頃、真面目に歴史小説を書いています。

地味に、堅実に、こつこつとやっているのですが、なぜか性格が悪いとか、ひねくれているとか、言われることが多くて戸惑っています。でも、言われっぱなしでいるわけにはいきません。それを仕事に生かそうと思って出来たのが本書です。

本書は人物事典の体裁《ていさい》をとっています。ただ、研究者でも評論家でも学校の先生でもなく、歴史小説家――それもかなり性格の悪い、の視点で書いてますので、既存の事典とはまるで異なる内容になっています。

題名にある「最強」は、武力や政治力だけではありません。紹介するのは三二四人ですが、個性やアクの強さ、独特の業績……要するにキャラクター性を重視して選定しています。

世界史の教科書にかならず載っているような有名人は、なるべく拾ったつもりですが、ネタやバランスを考えて選外とした人物もいます。逆に、そうとう歴史にくわしい人でも知らないようなマイナーな人物も、おもしろいと思ったら紛《まぎ》れこませています。

女性が多いとか、歴史家が多いとか、明らかな傾向もあります。小説に登場させたいと思った人物や、書くときにお世話になった人物を入れこんだら、こうなってしまったのです。そうした趣味的な人選も楽しんでいただければ幸いです。

選定方法でわかるとおり、本書は高尚《こうしょう》な人物事典ではないので、人物の事績よりも、性格やエピソードやゴシップに重きをおいています。なにしろ性格が悪いと評判の筆者ですから、あら探しだったり、揚げ足取りだったり、偉人を揶揄《やゆ》するような記述が多くなります。たまに嘘を書くかもしれません。

ですから、本書で得た知識を試験に使ってはいけません。そのかわり、試験勉強に使う人物事典よりはおもしろいと思います。

歴史のおもしろさを伝えたい――。

本書の執筆動機は、これに尽きます。そのために選んだのが、人物列伝という形式なのです。

教科書の無味乾燥《むみかんそう》な記述で、歴史から離れた方も多いでしょう。教科書はどうしても事項を詰めこんでしまいますので、人物も記号のように扱われます。

しかし、歴史上の人物だって、生身の人間です。私たちと同じように、恋に悩み、勉強を嫌がり、格好つけては失敗して、懸命に生きてきました。そんな生身の人間の部分に注目すれば、歴史がもっと身近に感じられるでしょう。

短い記述を読んでその人物に興味を持ったら、もう少し厚い本やら事典やらで調べてみてください。また、本書を読んでから、教科書や資料集を見ると、ずいぶんと印象が異なるでしょう。人物が単なる記号から、等身大の「キャラクター」に変われば、歴史が物語に見えてきます。

そこで、歴史小説に手を伸ばしてもらえたら……という腹黒い願望はさておき、世界史が好き、という人が増えてくれたら嬉しく思います。

さて、以下は取り扱いの説明です。

人物はほぼ活躍した年代の順に並んでいます。どの人物が何世紀に属するかについては、没年をもとに決めていますが、例外もあります。そもそも西暦で章分けするのは、ほとんどの時代や地域で意味を成さないので、あくまで便宜上のことと考えてください。

本書はどこから読んでもかまいません。最初から読むほうがわかりやすいとは思いますが、ぱらぱらとめくって目にとまったところを読むのもいいですし、目次から興味のある人物を引くのもいいでしょう。

イラストレーターのマサオさんにすばらしいイラストをつけていただきましたので、それをたどっていくのもひとつの方法です。

ただし……大事なことなので繰《く》りかえします……本書で得た知識を試験に使ってはいけません。

では、歴史の扉を開きましょう。

## 紀元前Ⅰ（前7世紀以前）



## 紀元前Ⅱ（前6世紀～前4世紀）



## 紀元前Ⅲ（前3世紀～前1世紀）



## 1世紀～2世紀



## 3世紀～4世紀



## 5世紀～6世紀

## 13世紀



## 14世紀



## 15世紀



## 16世紀



## 17世紀

# 紀元前Ⅰ
# （前7世紀以前）

文明の誕生とともに歴史がはじまる。

文明の定義は様々だが、効率的な食糧生産、金属加工技術、文字、都市、階級、大規模な建築物などの条件のうち、いくつかをそなえている集団または地域と考えればわかりやすい。古代の文明で、遺跡が発見されて研究が進んでいるものというと、メソポタミア、エジプト、インダス、黄河《こうが》、長江《ちょうこう》、メソアメリカ、アンデスなどがあげられる（もう四大文明とは言わない）。

このうち、大量の文字史料《もじしりょう》と遺跡が残っているメソポタミア（楔形文字《くさびがたもじ》）とエジプト（ヒエログリフ）については、紀元前3000年紀からおおよその歴史がわかっている。メソポタミアはチグリス・ユーフラテス河の流域で、現在のイラクにあたる。シュメール人にはじまり、ハンムラビ王のバビロニア、ヒッタイト、アッシリアなどの王国が興亡《こうぼう》を繰りひろげた。エジプト文明は、ナイル河の流域に栄え、異民族の侵入を受けながらも、30ほどの王朝が3000年ほどつづいた。

中国の黄河流域では、商《しょう》（殷《いん》）から周《しゅう》への王朝交代の頃（紀元前11世紀）から、伝説と歴史の区別が少しずつつけられるようになる。しかし、信頼できる史料が現存しないため、商や周の実態はほとんど霧の中にある。

現代との関わりでは、紀元前1000年頃にユダヤ教が生まれた意義が大きい。ユダヤ人の影響力ももちろんだが、キリスト教、イスラーム教の祖であるからだ。このユダヤ教の成立には、エジプトのアメンホテプ四世の改革が影響を及ぼしているとされる。

**クフ**（前二十六世紀　古代エジプト）

# 「ピラミッド・パワー」

最大のピラミッドの建設者であるということ以外は、よくわかっていない。ピラミッド熱がもっとも高かったのがクフの時代で、用いられた技術もこの頃がピークだった。ピラミッド建設は奴隷《どれい》を酷使した重労働という説が、古代ギリシアの時代から唱えられているが、実際は農閑期《のうかんき》を利用した事業で、労働者には食糧が提供されたようだ。一種の公共事業である。

**ハンムラビ**（前十八世紀　古代メソポタミア）

# 「目には目を、歯には歯を」

小国バビロニアの王として富国強兵につとめ、周辺地域を征服してメソポタミアを統一した。有名なハンムラビ法典の「目には目を」は、残虐《ざんぎゃく》な刑罰ではなく、過剰な復讐《ふくしゅう》をいましめる法だ。また、彼はかなり筆まめであり（実際に書くのは書記だが）、地方の行政官にあてた手紙（紙じゃなくて粘土板だが）が多く出土している。このほか、当時の史料には、市場の物々交換レートや、標準の給料を制定した命令などがあって、四千年近く前の話とはとても思えない。

## 「女性ファラオは小太りのおばさん」

**ハトシェプスト**（前十五世紀　古代エジプト）

古代エジプトの王《ファラオ》。前王（夫で異母兄弟）の遺言を偽造して継子《ままこ》から実権を奪い、男装して統治した。というと、野心的な暴君をイメージするが、対外戦争を中止し、交易網をよみがえらせた穏健派《おんけんは》の王である。近年、同定《どうてい》されたミイラの分析によれば、ハトシェプストは太り気味で、虫歯や糖尿病、皮膚病に冒されていた。この頃の王族は、近親婚の影響で体が弱かったらしい。王族に生まれるのも大変である。

**アメンホテプ四世**（前十四世紀　古代エジプト）

## 「一神教を発明したナルシスト」

古代エジプトの王。ツタンカーメンの義父にあたる。神官団と対立したことから、それまでの多神教を禁じ、太陽神アトンを唯一の神とする宗教を創って民に強制した。このアトンはアメンホテプだけを救う神で、他の人々は彼を神と崇《あが》めよという。自身の神格化は芸術にもおよび、アメンホテプの姿が美の基準とされた。これが美男ならまだ許せるが、残っている像は細長い顔、つり目、厚いくちびる、不自然な肉付き、など、当時の感覚でも不細工である。宗教改革といえば聞こえはよいが、単に自己愛が高《こう》じただけではないか。この改革は当然ながら失敗し、アトン信仰は一代かぎりで終わったのだった。

**モーセ**（前十三世紀　古代イスラエル）

## 「約束の地には入れてもらえなかった」

ヘブライ人（ユダヤ人）の指導者。エジプトのヘブライ人を集めてイスラエルへと移住させた（モーセは直前で没した）。その過程で生まれたのがユダヤ教である。海を割ったり十戒《じっかい》を得たりしたモーセの生涯は、『旧約聖書《きゅうやくせいしょ》』にくわしい。むろん伝説だが、史実も多分にふくまれていよう。ユダヤ人の苦難は、すでにこのころからはじまっている。しかも、神はたまにしか助けてくれず、少しでも疑うとさらなる試練を与えるので大変だ。

# 「勝ったのは俺だ！」

**ムワタリ**（前十三世紀　ヒッタイト）

ヒッタイトの王で、エジプトのラムセス二世とシリアの覇権《はけん》をめぐって争った。カデシュの戦いでは捕虜《ほりょ》を通じて偽の情報を流し、敵を伏兵のいる地におびき寄せた。この巧《たく》みな戦術によって、ヒッタイト軍が優位に立ったが、エジプト軍も盛り返す。最終的に講和が結ばれ、両国は平和条約を締結した。その条文は双方の遺跡で発見されているが、両国とも自国の勝利を主張している。このあたり、人間は昔から変わっていない。

## 「酒《しゅ》池《ち》肉《にく》林《りん》は贅《ぜい》沢《たく》じゃない？」

**帝《てい》辛《しん》**（殷《いん》の紂《ちゅう》王《おう》）（前十一世紀　中国・商《しょう》）

商（殷）王朝の最後の王。酒、女、残虐な刑罰、と悪行が三点セットで記されるが、これは商を滅ぼした周王朝を讃《たた》えるためのフィクションだ。中国の史書では、亡国の皇帝はたいてい似たような描き方をされる。もっとも、神話や昔話と同様、史実をもとにしている場合も多い。帝辛は「酒池肉林」の故事が有名だが、これは神に捧《ささ》げる儀式だという説がある。なので、暴君と断じるのはかわいそうだが、周に反乱を起こされて滅びたのだから、あまり有能な人ではなかったようだ。

## 「人類最初の文《もん》書《じょ》コレクター」

**アッシュール・バニパル**（在位前六六八～前六二七？　アッシリア）

アッシリアの王で、首都に図書館をつくり、国中の文書を集めさせた。二万をはるかに超える蔵書の種類は、年代記や神話のような書物だけでなく、行政文書や手紙にも及ぶ。図書館といっても、そこにあるのは紙の本ではない。楔形文字《くさびがたもじ》の刻まれた粘土板である。想像するだけでわくわくする……でも、重いから読むのはつらいだろうな。

# 「フセインの憧れの人」

**ネブカドネザル二世**（在位前六〇五～前五六二　バビロニア）

新バビロニアの王。ユダ王国を滅ぼしたさい、ユダヤ人の強制移住「バビロン捕囚《ほしゅう》」をおこなったことで悪名高い。ただ、強制移住はよくある反乱防止策であり、バビロン捕囚はユダヤ人を分散させず、コミュニティも宗教も存続を許しているので、他の例に比べればかなり甘い。ネブカドネザル二世はイスラエルにとっては仇敵《きゅうてき》だが、イラクでは英雄で、クウェートに侵攻したフセインは、現代のネブカドネザル二世を気取っていた。そんなことを言うから、ユダヤ人（アメリカ）に復讐されたにちがいない。

**ソロモン**（前十世紀　古代イスラエル）

# 「知恵の王は暴君」

ダビデの息子、イスラエル王。知恵の指輪を持っていて動物と話ができたとか、裁判で賢明な判断を下した（子供をめぐって争うふたりの母親に子供を引っ張らせて……）とか、英知に関するエピソードが伝わっている。が、その治世は、民に重税や苦役《くえき》を課して、神殿や宮殿を建設し、自分は大勢の妻とともに贅沢三昧《ざんまい》、というものだったから、暴君そのものである。イスラエルの繁栄はソロモンの功績だが、政略結婚によって安全を確保し、交易を盛んにするその政策は、女と金が目的だったのかと疑われても仕方がない。

**サッフォー**（前六一二頃～？　古代ギリシア）

#「レズなのに子供が？」

エーゲ海に浮かぶレスボス島出身の女流詩人で、情熱的な恋愛詩を得意とした。その作品から、結婚して娘がいたほか、恋愛相手も多かったと推測される。また、レスボス島に少女たちを集めて、文学や歌舞《かぶ》を教えていた。レスボス島はレズビアンの語源となったが、これは後世のキリスト教保守派が、恋愛詩などを残したサッフォーを非難するために、同性愛者だとでっちあげたことによる。おかたい人は、いつの時代も想像力が豊かなのだ。

# 紀元前Ⅱ
## (前6世紀～前4世紀)

統治には技術が必要である。法体系、官僚制、軍制、さらに道徳や宗教まで利用してはじめて、大国の維持が可能になる。人類はこのころから、そうした技術を生み出しはじめた。オリエント世界を統一したアケメネス朝ペルシアは、ダレイオス一世の手によって最初の中央集権国家となり、後につづく帝国の範《はん》となった。

専制のペルシアに対し、アテネを中心とするギリシアの諸都市《ポリス》は市民による民主政をつくりあげる。古代ギリシアでは絢爛《けんらん》たる文化が花開き、文学、哲学、科学、様々な分野で後世に影響を与える業績が残された。古代ギリシアの民主政と現代の民主主義は似て非なるが、その歴史は何らかの示唆を与えてくれよう。

ペルシアは何度もギリシアに攻めこんだが、征服することはかなわなかった。その後、ギリシア内部で争いが起こるが、紀元前4世紀に状況が一変する。辺境に勃興《ぼっこう》したマケドニアにアレクサンドロス大王が現れ、大征服を成し遂げたのだ。これによって、オリエントとギリシアの文化が混ざり、ヘレニズム文化が生まれる。

中国では、春秋戦国《しゅんじゅうせんごく》の分裂時代が長い。この間、儒家《じゅか》や法家《ほうか》など諸子百家《しょしひゃっか》と呼ばれる者たちが、新たな思想を説いてまわった。後の秦《しん》や漢《かん》、さらに以後2000年の王朝は、この時代に生まれた思想を基礎として成立・展開していく。

**ガウタマ・シッダールタ**（前五六五頃〜前四八五頃または前四六三頃〜前三八三頃　古代インド）

# 「天《てん》上《じょう》天《てん》下《げ》唯《ゆい》我《が》独《どく》尊《そん》」

お釈迦《しゃか》様。その生涯は伝説的で、生没年も二系統があって、確定させることは難しい。仏典《ぶってん》によれば、釈迦族の王子に生まれ、不自由ない生活を送っていたが、人の老・病・死を見て無常観《むじょうかん》にとらわれていたという。何というか、恵まれた人にありがちな贅沢な悩みであって、あまり共感はできない。その後、一子をもうけて義務を果たしたのち、二十九歳で出家し、思索を深めて仏教を開いた。残された妻子は救われたのだろうか。

**ペイシストラトス**（前六〇〇頃〜前五二七　古代ギリシア）

# 「民主政を生んだ独裁者」

中小農民や手工業者の支持を得て政権を奪い、僭主《せんしゅ》（独裁者）としてアテネを統治した。善政をおこなったので、停滞していたアテネは活気を取り戻したが、繁栄は一代で終わる。後を継いだ息子が暴政をおこなったせいだ。独裁者というのは善良であろうが悪辣《あくらつ》であろうが、身内には甘いものである。

# 「大王のなかの大王」

**ダレイオス一世**（前五五〇?〜前四八六　アケメネス朝）

アケメネス朝ペルシア第三代の王。彼が大王と呼ばれるのは、征服戦争によるのではなく、卓越《たくえつ》した政治力によって中央集権的な帝国をつくりあげたことによる。その優れたシステムは、ローマ帝国やモンゴル帝国の手本となった。アケメネス朝はアレクサンドロス大王に滅ぼされるまで、二百年ほどつづくが、基礎を築いたのは、ダレイオス一世だ。二代目か三代目に名君が出ると、王朝は長持ちするが、アケメネス朝はその先駆けである。

# 「教育力」

**孔子《こうし》**（前五五二／一頃〜前四七九　中国・春秋《しゅんじゅう》）

春秋時代の人で、魯《ろ》国に仕えるも改革に失敗してくびになり、諸国をまわって「仁《じん》」の思想や道徳を説いた。晩年は教育につとめ、多くの弟子を育てている。さらにその弟子が弟子を育て……何だかネズミ講のように勢力を広げた儒教《じゅきょう》は、漢の時代に花開いた。『論《ろん》語《ご》』は、弟子たちが孔子の言行《げんこう》をまとめた書物で、聖人君子としての孔子像は弟子たちが創りあげたものだ。実際の孔子は生涯を通じて不遇で、理想をわかってくれない世の中に嫌気がさして隠居したのだが、三千人をかぞえる弟子の個性に合わせて教えを授けていたといい、その「教育力」は史上に類例を見ない。優秀な教育者は、えてして社会に適合しないものである。

**孫武**《そんぶ》（前六世紀後半〜前五世紀　中国・春秋）

# 「時空を超えたベストセラー」

『孫子《そんし》』は世界でもっとも有名な兵法書《へいほうしょ》である。内容は具体的で、行軍の注意点、陣の組み方、火計のやり方、スパイの使い方などがわかりやすく解説してある。それでいながら、国を消耗させる戦争を忌避《きひ》し、「戦わずして勝つ」のが最上と説くのだ。この態度こそが後世の人々を魅了する理由である。しかし、兵法がビジネスに応用されるとは……。現代でも通用する「孫子」ブランドおそるべし。

**テミストクレス**（前五二八頃〜前四六二頃　古代ギリシア）

# 「国を救ったのに追い出される」

低い身分から才能と策謀と賄賂《わいろ》を駆使して、アテネの最高位にまで昇りつめた。アケメネス朝の遠征軍を撃退して救国《きゅうこく》の英雄となったが、金に地位に名誉にと、とにかく欲の深い性格だったため、反対派の運動によって処刑されそうになる。追いつめられたテミストクレスはかつての敵ペルシアに亡命、地方の知事として一生を終えた。その皮肉な生涯は人々の想像力を刺激するようで、最初からペルシア王と話がついていたとか、死因はギリシア遠征を命じられての自殺だとか、同時代から様々な物語が生まれている。

**ペリクレス**（前四九五頃〜前四二九　古代ギリシア）

# 「民主政が生んだ独裁者」

アテネの政治家。巧みな演説と先見性《せんけんせい》を武器に、アテネの民主政を強化し、第一人者として独裁的な権力をふるった。倫理や道徳は持ち合わせていなかったが、決して市民の支持を失わず、アテネを繁栄させた点で、超一流の政治家であったことは疑いない。皮肉まじりに「民主政のチャンピオン」と称される。

**ソクラテス**（前四七〇／六九頃〜前三九九　古代ギリシア）

# 「悪い妻を持てば、哲学者になれる」

ソクラテスの妻クサンチッペは、悪妻として有名だが、具体的なエピソードは口うるさいとか頭から水をかけたとかいう程度である。ソクラテスは貧乏暮らしをしながら哲学問答を繰りかえしており、しかも年をとってから三人の子供に恵まれている。これで口うるさくならない妻などいない。さらに最後は、不当な裁判によって死刑を宣告され、「悪法も法なり」と格好つけて、刑を受け入れてしまう。夫としても父としても最低だ。クサンチッペは結婚相手をまちがえただけの、かわいそうな女性であった。そのおかげで歴史に名前が残ったのだけど。

## 「歴史学の祖」

**トゥキディデス**（前四六〇頃～前四〇〇頃　古代ギリシア）

アテネとスパルタのペロポネソス戦争を描いた『歴史』を著《あらわ》した。「歴史の父」と呼ばれるヘロドトスが物語的な叙述をおこなったのに対し、トゥキディデスは客観性を旨《むね》として、きちんとした裏付けをとりながら筆を進める。後世の教訓とするために書くのであって、楽しんでもらうためではない、という態度だ。確かに、それはすばらしい。ただ、堅苦しい歴史学は研究者に任せておけばいいのであって、一般の読者は単におもしろがればいい。だって、簡単に歴史を教訓にできるなら、歴史はこんなに繰りかえされないだろうから。

## 「セックス・ストライキ」

**アリストファネス**（前四五〇以後〜前三八八以後　古代ギリシア）

下ネタが大好きな喜劇作家。代表作『女の平和』は女たちが団結してセックス・ストライキをおこない、戦争をやめさせるというストーリー、『女の議会』は女が議会をのっとって理想的な社会をつくるというストーリーである。抑圧されていた女性の力を讃え、ユーモアと風刺で反戦を訴えるその作風は、現代でも通用しそうだ（R18だけど）。が、彼の理想の社会は、財産を共有して貧困をなくし、男女は平等に乱交するというものである。……単なる女好きではないだろうか。

**フィリッポス二世**（前三八二～前三三六　古代ギリシア）

# 「息子に超えられる幸せ」

アレクサンドロス三世（大王）の父。小国マケドニアをひきい、経済、外交、軍事に巧みな手腕を発揮して、ギリシアに覇を唱えた。彼の鍛《きた》えあげたマケドニア軍と発明した戦術は無敵といってよく、増強した国力とともに、アレクサンドロスの大遠征を可能にした。また、当代一《とうだいいち》の万能の学者であったアリストテレスを招き、息子の教育を託《たく》している。この父なくして、アレクサンドロスの大帝国はない。ちなみに、その死は暗殺であったが、黒幕が誰かはわかっていない。真犯人はアレクサンドロスにちがいない、というのは作家的視点である。

**蘇《そ》秦《しん》**（?～前三一七　中国・戦国《せんごく》）

# 「鶏《けい》口《こう》となるも、牛《ぎゅう》後《ご》となるなかれ」

戦国時代の縦《じゅう》横《おう》家《か》（外交官）。司《し》馬《ば》遷《せん》の『史《し》記《き》』は史料の不足から、蘇一族の業績を蘇秦ひとりにまとめてしまっており、おかげで蘇秦は超人的な活躍をすることになる。百年以上生きるわ、同時に六国《りっこく》の宰相《さいしょう》になるわで、大忙しである。実際の蘇秦は、秦を敵とする五国同盟を成立させたが、充分な成果をあげないまま殺されている。

# 「地の果てまでも」

**アレクサンドロス三世**（前三五六〜前三二三　古代ギリシア）

英語ではアレクサンダー、アラビア語ではイスカンダルと呼ばれる。二十歳で父の後を継ぎ、東方へと征服戦争を進めて、空前の大帝国を打ちたてた。しかし、遠征を終えて途中まで戻ったところで、あっさりと病死してしまう。しかも「一番強き者に」などと、はた迷惑な遺言をのこしたため、激しい後継者争いが起きて、大帝国はあっというまに分裂してしまった。あと十年でも生きていたら、歴史は大きく変わっていただ

ろう。死因はマラリアと推定されるが、マラリアを媒介《ばいかい》するのは蚊である、蚊のひと刺しで、歴史は動くのだ。

## 「断《だん》食《じき》で餓死」

**チャンドラグプタ**（?〜前二九八頃　インド・マウリヤ朝）

マガダ国の武将から身を起こし、主家《しゅけ》を滅ぼしてマウリヤ朝を建設、はじめて南北インドにまたがる帝国をつくりあげた。新興の仏教を信仰していたが、晩年はジャイナ教に帰《き》依《え》して出家した。ジャイナ教は仏教に似ているが、殺生《せっしょう》の禁がより厳しく、いかなる生物をも殺してはならないとする。行きつくところは断食で、チャンドラグプタも修行の末に餓死したという。覇王が罪を悔《く》いて宗教に走るという、よくあるパターンだ。

# 紀元前Ⅲ
## （前3世紀〜前1世紀）

紀元前3世紀の末、洋の東西で重要な戦いがおこなわれた。中国における項羽《こうう》と劉邦《りゅうほう》の戦い（楚漢戦争《そかんせんそう》）、地中海世界におけるカルタゴと共和政ローマの戦い（ハンニバル戦争）である。双方で見られる鮮やかな逆転劇は、個の才能を組織力が上回った結果であり、戦争のやり方が変わっていくことを予感させる。

楚漢戦争は、中国初の統一王朝である秦があっけなく崩壊したあとの覇権争いで、勝利した劉邦は漢王朝を開いた。漢は秦の制度を改良しつつ受け継ぎ、皇帝を頂点とする強力な支配体制を整えていく。共和政ローマは、ハンニバルひきいるカルタゴを破って、地中海世界の主役に躍り出た。貴族と平民が対立しながらも、外に対してはまとまるローマだったが、領土の拡大とともに政治体制に綻《ほころ》びが出はじめ、マリウス、カエサルといった平民派の英雄が登場すると、徐々に帝政へと移行する。最終的にはオクタヴィアヌスの手によって、ローマは帝国となった。

アレクサンドロスの後継王朝が覇を競っていたオリエント世界は、西半分がローマに占領され、東ではイラン系のパルティアが興った。パルティアは遊牧の民で、騎射《きしゃ》に長《た》けた騎兵隊を擁《よう》して、ローマを苦しめることになる。

ユーラシア北部の草原では、匈奴《きょうど》が冒頓《ぼくとつ》にひきいられて、巨大な遊牧民の帝国を樹立した。最盛期は劉邦の漢を一蹴《いっしゅう》するほどの勢力であったが、遊牧民の常として、強力な指導者を失うと分裂して弱体化してしまう。

インドでは、アショカ王のもとで、仏教が発展する。保護者たるマウリヤ朝が滅びても、仏教は勢力を伸ばしつづけた。

## 「どもりが生んだリアリズム」

**韓《かん》非《ぴ》**（?〜前二三三　中国・戦国）

諸子百家のひとりだが、吃音《きつおん》のため演説が不得意で、文章に生きる術《すべ》を見いだした。その思想は法家《ほうか》の集大成であり、人間の行動は利害に基づくとし、法による統治を訴える。彼の文章と思想は秦の王に感銘《かんめい》を与えたが、地位を奪われるのをおそれた宰相の李斯《りし》に陥《おとしい》れられ、殺されてしまう。まさに、人は道徳ではなく利によって動く。韓非は抵抗せずに死を受け入れたが、それは自分の思想が証明されたからかもしれない。

**アショカ**（在位前二六八頃〜前二三二頃　インド・マウリヤ朝）

## 「血の半生と仏の半生」

インドをほぼ統一したマウリヤ朝の王。征服戦争における殺生を悔い、仏教に帰依した。仏教系の説話では、この転向を劇的に演出するため、王の前半生を血で染めあげる。兄弟を九十九人殺したとか、豪華な建物を造って中に入った者を皆殺しにしたとか……。実際の王は不殺生と道徳に基づいた政治を試みたが失敗し、その晩年から、インドは千五百年以上つづく長い分裂の時代に突入する。ただ、分裂というより、インドは現代も含めて、いくつも国があるのが普通の状態である。

## 「焚書《ふんしょ》のせいで二千年も憎《にく》まれつづける」

**李斯《りし》**（?〜前二〇八　中国・秦《しん》）

有能な宰相であり、秦の始皇帝の統一と、中国初の中央集権国家の建設に大きな役割を果たした。しかし、ライバルは容赦《ようしゃ》なく殺し、邪魔な書物はすべて焼いてしまうなど、目的のためには手段を選ばぬやり方で、二千年の後まで恨みを買っている。焚書は法家の主張で、李斯の独創ではないのだが。

**ハンニバル**（前二四七／六～前一八三／二　カルタゴ）

# 「勝利を得ても、それを生かせない」

カルタゴの武将。象を連れてアルプス越えを果たし、カンナエの戦いにおいては、兵数で劣りながらも、芸術的な包囲殲滅《せんめつ》戦術を成功させ、ローマ軍に圧勝する。その後、十年以上敵地で戦い、局地戦では勝ちつづけながらも、最終的な勝利は得られなかった。敗れたとはいえ、ハンニバルは戦術家として不朽《ふきゅう》の名声を得ており、その名は歴史に深く刻まれている。大国にひとりで戦いを挑む天才、というシチュエーションは、今も昔も人の心を熱くするのだ。

**項羽《こうう》**（前二三二～前二〇二　中国・楚《そ》）

# 「虞《ぐ》や、虞や、若《なんじ》を奈何《いかん》せん」

秦末の混乱のなかから台頭し、一時は中国全土に君臨したが、最終的には劉邦に敗れて自害した。残虐で、思慮がなくて、人心を得られなかったが、それでも項羽は愛すべき人物である。戦《いくさ》にはめっぽう強く、連戦連勝をつづけた。だが、政治はできない。捕虜は殺すし、反乱は絶対に許さない。好き嫌いが激しく、人を信じない。戦が強いだけの子供であった。だがそれゆえに、奸智《かんち》に長けた大人である劉邦と比較したとき、その純粋さがきわだって、後世の人を魅了するのだ（同時代だったら逃げるしかないが）。

## 「最後の標的は父」

**冒頓《ぼくとつ》**（?～前一七四　匈奴《きょうど》）

北アジアの遊牧民・匈奴の単于《ぜんう》（王）。父王と不仲な冒頓は、父に殺されそうになったこともあり、逆襲の機会を狙っていた。そのため、部下に対して、自分が射た標的をつづけて射るよう訓練を重ねた。最初は獣を、次に愛馬を、そして愛妾《あいしょう》を。ためらう者はすぐに斬らせたので、冒頓に絶対服従の精鋭が生まれた。冒頓が最後に標的としたのは父である。部下たちは冒頓にしたがい、王を射殺《いころ》した。王となった冒頓は隣国を次々と征服し、空前の遊牧帝国を築く。建国したばかりの漢も敵ではなく、劉邦ひきいる漢軍に完勝して、毎年貢《みつ》ぎ物を贈ることを約束させた。当時の騎馬軍団の破壊力は、現代の戦車どころではない。遊牧民が英主《えいしゅ》のもとにまとまったとき、定住民はなすすべがないのだ。

# 「悪いものは悪い」

**カトー**（前二三四〜前一四九　古代ローマ）

古代ローマの政治家。平民階級に生まれたが、巧みな演説で名を馳せ、清廉《せいれん》な保守主義者として、要職を歴任する。風紀の乱れを嫌い、救国の英雄たるスキピオに対しても、容赦せず綱紀《こうき》粛正《しゅくせい》を求めた。カルタゴを滅亡に追いやったことでも知られる。まさに頑固親父だ。

**衛《えい》青《せい》**（?〜前一〇六　中国・前漢《ぜんかん》）

# 「奴隷あがりの美将軍」

母は奴隷で、父は誰だかわからない。姉が皇帝の寵姫《ちょうき》となったため、大抜擢を受けて対匈奴戦に派遣され、生来《せいらい》の軍才で勝利に貢献した。衛青は昇進を重ねたが、劣悪な境遇で育ったためか、慎《つつし》み深く、兵士に対しても威張ることがなかった。この点、同じく匈奴戦に活躍した甥《おい》の霍去病《かくきょへい》とは対照的である。霍去病は幼いころから貴族として育っており、傲慢《ごうまん》で下々《しもじも》のことなど気にかけなかった。ところが、この両者、霍去病のほうが圧倒的に兵士から人気があったという。庶民は貴族が好きなものだし、あまり卑屈なのはよくない。せっかく顔がいいのだから（何しろ寵姫の弟だ）、衛青ももっと自信を持ってふるまえばよかったのだ。

## 「平民は独裁を望む」

**マリウス**（前一五七頃〜前八六　古代ローマ）

古代ローマの軍人、政治家。貧しい平民の家に生まれ、一兵卒《いっぺいそつ》からの叩き上げで将軍となる。政界に転じると、平民派《へいみんは》の巨頭として、閥族派《ばつぞくは》のスラと激しく対立し、内乱を引き起こした。古代ローマの場合、共和政を守ろうとするのが閥族派で、平民派は人気と実力のある指導者による独裁を志向する。独裁者は、民衆に望まれて登場するのだ。

## 「中国の歴史の父」

**司馬遷**《しばせん》（前一四五頃～前八六頃　中国・前漢）

武帝《ぶてい》という暴君に仕え、匈奴に降《くだ》った友人を弁護した罪で宦官《かんがん》にさせられたが、その屈辱をばねにして『史記《しき》』を書きあげた。『史記』は、皇帝ごとの出来事を記す本紀《ほんぎ》と、人物伝である列伝《れつでん》からなる紀伝体《きでんたい》という新しいスタイルで書かれている。そこには、歴史の本道だけでなく、埋もれてしまう人物の事績《じせき》を描きたいという意思があった。『史記』の記述は必ずしも史実とはいえないが、歴史書としての重要性はきわめて大きい。

司馬遷が紀伝体を生み出さなければ、『三国志《さんごくし》』の武将の生き様が後世に残ることもなかったし、中国古代史を扱った小説がブームになることもなかったのだ。

**ユリウス・カエサル**（前一〇〇～前四四　古代ローマ）

# 「天は彼に全《すべ》てを与えた……××以外」

天に五物くらい与えられた人。元老院《げんろういん》勢力を打破してローマの最高権力を手中におさめ、帝政への道を開いた。いまの国名でいうと、フランス、ドイツ、イングランド、エジプト、トルコなどを征服し、ローマの版図《はんと》としている。卓越した軍事的能力と政治力をあわせもち、弁舌《べんぜつ》さわやかで明るく、男女を問わず相手を惹《ひ》きつける魅力を持っていた（たぐいまれなる女たらしでもあった）。文章も抜群にうまく、「賽《さい》は投げられた」「来た、見た、勝った」など、多くの名言を残している。非の打ち所がない個性だが、本人が唯一気にする弱点があった。……頭髪が少ないことである。ちなみに、主要な業績は四十代以降にあげており、世界三大晩成英雄のひとりに数えられる。英雄とか天才には早熟なタイプが多いので、カエサルのような例は珍しい。中年の希望の星でもあるのだ（別に髪の話ではない）。

**キケロ**（前一〇六〜前四三　古代ローマ）

# 「文ではカエサルに匹敵《ひってき》するも」

文筆家としてはカエサルと並ぶ評価を得ており、その演説や著作は、ラテン語散文《さんぶん》のお手本とされている。本人は政治家として名声を得たいと考えていたが、その分野では一流半どまりで、しかも同時代に超一流の人材がそろっていたため、三流のように思われてしまう。生まれた時代が悪かった。

**オクタヴィアヌス**（前六三〜後一四　ローマ帝国）

# 「共和政をいつのまにか帝政に」

ローマ帝国の初代皇帝。誰もがみとめる美男子で、内政手腕と権謀術数《けんぼうじゅっすう》に優れ、常に沈着冷静であったというから、はっきり言ってかわいげがない。政敵からはさぞ憎まれたことだろう。基本的におもしろみのない人であったが、そこはローマの男なので、当然のように浮気はしていた。それを追及されていわく、「女から政敵の情報を収集していただけだ」……けっこうおもしろいやつかもしれない。

## 「顔は平凡だけど」

**クレオパトラ七世**（前六九〜前三〇　古代エジプト）

古代エジプトの女王。ただし、当時のプトレマイオス朝はギリシア系なので、肌が褐色《かっしょく》だったり、髪がおかっぱだったりはしない。三大美女のイメージとは異なり、同時代の評価や残された肖像によれば、決して美人とはいえない。しかし、数カ国語を話し、機知《きち》に富んだ会話ができる知性と、みずからを贈り物としてカエサルの前に現れるような行動力をかねそなえた、真に魅力的な女性であった。

**ユリア**（前三九〜後一四　ローマ帝国）

# 「男遊びはほどほどに」

　オクタヴィアヌスの一人娘。男好き、浮気性で知られる。ローマの上流階級では政略結婚が一般的で、離婚や再婚も多く、不倫は絶対のタブーではなかった（一応、姦通罪《かんつうざい》はある）。それにしてもユリアの放蕩《ほうとう》ぶりは度を越していたが、二人目の夫とのあいだには、五人の夫似の子供を産んでいる。浮気を繰りかえしながら夫似の子供を産む秘訣《ひけつ》を聞かれて答えた言葉は、「積み荷が一杯じゃなきゃ、他の水夫は乗せないわ」（つまり、妊娠中なら……）。

# 1世紀〜2世紀

人類は旅をする生物だ。古代文明の交易圏は、想像を超えて広がっている。ユーラシア大陸の東西の大帝国は、2世紀には早くも互いを認識していた。

後漢《ごかん》の史書には、「大秦国王安敦《たいしんこくおうあんとん》」(マルクス・アウレリウス・アントニヌスもしくはアントニヌス・ピウス)の使者が到来したという記述がある。この使者は、商人の偽装である可能性が高いが、陸路も海路もすでに切りひらかれており、東西の文物や情報は交換されていた。

ローマ帝国は、2世紀の五賢帝《ごけんてい》の時代に最盛期を迎える。対外的には領土が最大となり、内政では元老院との協調によって安定がもたらされた。後世の歴史家は、この時代を「パクス・ロマーナ(ローマの平和)」という。

中国では、光武帝《こうぶてい》が後漢を建て、反乱で疲弊《ひへい》した国を復興させた。だが、政治が安定していたのは3代目あたりまでだった。その後は宦官《かんがん》や外戚《がいせき》の専横によって国が乱れ、外からは鮮卑族《せんぴぞく》の圧迫、内では農民反乱や豪族の台頭があって、2世紀の末には再び戦乱の時代が訪れる。

中央アジアでは、現在のアフガニスタンの辺りから興ったクシャン朝が繁栄し、インド北部まで勢力を伸ばした。このころ、インド洋を横断する航路が開かれており、ローマとインド南部は海路で結ばれていた。イラン高原のパルティアはライバルのローマに押され気味で、徐々に衰退していく。

文化的には、キリスト教の成立がもっとも重要な事件である。人類の歴史に多大な影響をおよぼした世界宗教はまだ脆弱《ぜいじゃく》で、帝国の弾圧を受けていたが、着実に信徒を増やしつつあった。また、中国における紙の発明も、世界史上に特筆される出来事だ。

**イエス**（前七頃?～後三〇頃?　パレスティナ）

# 「青森にも墓がある」

ユダヤ教の宗教改革者。恵まれない人を味方につけて改革を訴えたため、体制派の反撃にあって処刑された。のちに弟子たちによってキリスト教の開祖にまつりあげられる。そのおかげで誕生年をまちがえられたり、誕生日を勝手につくられたり、母親は神と浮気したことにされたり、日本に来て死んだことにされたり、と、いろいろと大変である。

**リヴィウス**（前五九～後一七　ローマ帝国）

# 「幸福すぎる歴史家」

ローマの通史《つうし》を著した歴史家。彼の執筆の動機は、堕落《だらく》した若者たちに祖先の偉大さを知らしめることであったため、誇張が多く、叙述は物語的で、歴史小説に近い。ちなみに、リヴィウス自身は、名声を得てから皇族の家庭教師をつとめただけで、政治にも軍事にもたずさわったことがない。家の財産で悠々《ゆうゆう》と暮らしながら、歴史の研究と執筆に励んでいたのである。何とうらやましいことか。しかし、この人に説教されたくはない。

**光武帝《こうぶてい》**（前六～後五七　中国・後漢《ごかん》）

# 「幸せだったんだね」

中国史上でも五指に入る名君で、悪口を言うのが難しい人である。厳しい戦乱を勝ち抜いて後漢を建国し、乱れた世を立て直しており、軍事にも政治にも力を発揮した。部下にも恵まれ、粛清《しゅくせい》もしていない。おまけに、少年のころに憧れていた評判の美少女を皇后に迎えている。……ふーん、幸せだったんだね。欠点といえば、冗談好きなところで、つまらない親父ギャグで部下を困らせることがあったとかなかったとか。

**ネロ**（三七〜六八　ローマ帝国）

# 「皇帝より芸人になりたかった」

悪名の高さでいえば、世界屈指の暴君である。しかし、彼が粛清したのは身内や貴族や大金持ちであり、弾圧したのはキリスト教徒だったので、一般の市民にはむしろ支持されていた。芸術とお祭り騒ぎが大好きで、たびたびイベントを開いてみずから芸を披露する皇帝は、馬鹿にされながらも愛されていたのである。もともとネロは善良かつ聡明《そうめい》であり、当初は善政をおこなっていた。名君の素質はあったのだが、母の度を越した愛情と、帝位の重みに耐えかねて、精神が壊れてしまったのだ。考えてみれば、皇帝というのも因果な地位である。たいていのことは思い通りになるのに、なりたい職業にはつけないのだから。

**班昭**《はんしょう》（四五？〜一一七？　中国・後漢）

# 「史書編《へん》纂《さん》は家業」

中国では珍しい女性歴史家。父の班彪《はんぴょう》、兄の班固《はんご》の遺志を継いで、『漢書《かんじょ》』を完成させた

（メインの執筆は班固）。史書の編纂は唐代《とう》から国家事業となるが、古代では司馬家や班家が親から子へと受けついで取り組んできた。こちらのほうが美しい。ちなみに、班昭には女性の心得を説いた著作もあって、「夫は立てろ」とか「姑《しゅうと》・小姑《こじゅうと》と仲良く」などと書いてある。なまじ学があるので、嫁《とつ》ぎ先では苦労したのかもしれない。

**タキトゥス**（五五／六〜一二〇頃　ローマ帝国）

# 「実は保身もうまい」

帝政時代のローマ史を著した歴史家。その叙述は事実を重んじているが、解釈では好き嫌いを前面に出しており、共和派には甘く、独裁を志向する皇帝には厳しい。なので、独裁者の治世では口をつぐんでおり、著作を世に出したのは穏健《おんけん》な五賢帝の時代だった。皇帝を批判する書は、したたかな計算で書かれたのである。

**トラヤヌス**（五三～一一七　ローマ帝国）

# 「ゲイでショタ」

酒好きの少年愛者である。ついでに、五賢帝のひとりで、ローマ史上最高の名君でもある。トラヤヌスはスペイン生まれのローマ貴族で、軍人としても政治家としても一流の手腕を発揮し、先帝に見込まれて養子となった。即位してからは、積極的な遠征でローマの版図を最大に広げるとともに、内政では元老院と協調して減税や公共福祉に力を入れ、あらゆる層から支持された。趣味のほうでも、酒での失敗はなく、少年には優しかったというから、非難するには当たらない。してみると、ゲイの皇帝というのは理想ではないか。優しくて気配りができそうだし、何より世襲《せしゅう》がないので、無能な後継者が生まれる可能性が少ない。いや、かえって後継者争いが激しくなるのかな。

## 「この本が読めるのも彼のおかげ？」

**蔡倫**《さいりん》（？〜一二一頃　中国・後漢）

後漢の宦官で、紙の発明者。繊維を漉《す》いてつくる紙はそれ以前からあったが、蔡倫はその方法を改良し、皇帝に献上して普及につとめた。ゼロから紙を発明したわけではないが、価値を見抜き、製法を確立させて、社会に広めた功績は計りしれない。文字を書きしるす媒体としての紙の優秀性は、誰もがみとめるところ。素直に感謝しておこう。

## 「神様仏様が大好き」

**カニシカ**（二世紀　クシャン朝）

中央アジアからインドにかけて勢力を広げたクシャン朝の王。仏教を保護しただけでなく、ゾロアスター教に土着の宗教、さらにギリシアの宗教もわけへだてなく認めたので、様々な文化が混ざった独特の芸術が生み出された。これをガンダーラ美術という。寺院の遺跡にヘラクレスとかアトラスとかがいるのだから、壮観というより奇観だ。

**アシュバゴーシャ**（二世紀　古代インド）

## 「漢字では馬《め》鳴《みょう》」

仏僧で、サンスクリット文学の天才詩人。みずから書いた戯曲を上演して布教につとめた。この試みは大好評で、民衆はこぞって改宗したという。現代でも、クリスマスに教会で劇をやったり、宗教団体が映画をつくったりするが、宗教と演劇というのは昔から相性がいいのだ。

**マルクス・アウレリウス・アントニヌス**（一二一〜一八〇　ローマ帝国）

## 「哲《てつ》人《じん》皇帝の不運」

五賢帝の最後の一人で哲学者でもある。敵襲や反乱や疫病など、内憂外患《ないゆうがいかん》に懸命に立ち向かったが、後継者選びに失敗し、帝国の衰退を招いてしまった。それまでの四賢帝は長生きだったりゲイだったりして、後を継ぐ実子がいなかったために、優秀な人材を次の皇帝に指名することができた。が、マルクスは息子を後継者と定め、英才教育をほどこした。

この息子は十九歳で即位し、ネロと同様の軌跡をたどって暴君となる。ローマの帝冠は二十代の若者には重すぎる。五賢帝はいずれも中年以降に即位しているのだ。哲人皇帝の罪は、息子を後継者にしたことでなく、息子を育てあげる前に死んでしまったことかもしれない。

# 「雹《ひょう》の子供?」

**檀石槐《だんせきかい》**(一三七頃〜一八一頃　鮮卑《せんぴ》)

鮮卑の大人《たいじん》(部族長)。投鹿侯《とうろくこう》という人物の妻の子。まどろっこしい書き方になるのは、不義の子だからだ。三年の軍務を終えて帰った投鹿侯は、妻が赤子を抱いているのを見て浮気を確信し、二人とも放りだした。その子は長じて類《たぐ》いまれなる統率力を示し、鮮卑族を束ねて北アジアの覇者となる。ちなみに、投鹿侯の妻の言い訳にいわく「雹が口に入って妊娠した」……豹《ひょう》だったらまだわかるけど。

# 「三国時代の露《つゆ》払《はら》い」

**張角**《ちょうかく》（?〜一八四　中国・後漢）

太平道《たいへいどう》の教祖で、黄巾《こうきん》の乱の指導者。なかなかの知恵者であり、「蒼天《そうてん》すでに死す、黄天《こうてん》まさに立つべし」（後漢の時代は終わった。これからは太平道の時代だ）というわかりやすいスローガンと、黄色い布という目印を効果的に使って、農民たちを決起に導いた。この方法はつづく反乱の手本となっている。『三国志』では最初のやられ役だが（実際には張角は病死）、後世に与えた影響は大きい。

# 3世紀～4世紀

現代においては政教分離をかかげる国家が多いが、歴史上、国と宗教は密接にむすびついていた。それは互いに利用しあう関係である。

ローマ帝国内で徐々に勢力を広げたキリスト教は、4世紀前半にコンスタンティヌス一世によって公認された。そして同じ世紀の末に、ついに国教とされ、以後、ヨーロッパの歴史はキリスト教とともに歩むことになる。

一方、仏教は、3世紀から中国に浸透していく。西域《せいいき》諸国を通じて高僧が到来し、仏典《ぶってん》が漢訳されて紹介された。

このころの中国は、戦乱の時代であった。魏《ぎ》・呉《ご》・蜀《しょく》の三国時代は魏の禅譲《ぜんじょう》を受けた晋《しん》によって統一されたが、平和は長くはつづかない。2代目の恵帝《けいてい》の治世にはじまった内乱はやがて晋を滅ぼし、数多《あまた》の民族と国が興亡を繰りひろげる五胡十六国《ごこじゅうろっこく》時代の幕が開く。仏教や道教《どうきょう》の勢力拡大は、死と隣り合わせの乱世が背景にあった。

インドでは、グプタ朝の治下《ちか》で仏教文化が栄えるが、民衆にはヒンドゥー教が根を下ろしていく。

メソポタミアからイラン高原にかけての地域では、パルティアからササン朝への王朝交代が起こった。ゾロアスター教を国教とするササン朝は、中央集権的な体制を確立したが、聖職者や貴族の力が強く、王権は不安定であった。

日本史では、有名な邪馬台国《やまたいこく》が登場する。女王卑弥呼《ひみこ》は、鬼道《きどう》によって民を導いていた。ここにも国と宗教の関係がかいま見えるが、邪馬台国については位置も含めて、わからないことが多い。

**カラカラ**（一八八〜二一七　ローマ帝国）

# 「暴君は風呂好き」

ローマ皇帝。風呂好きでカラカラ大浴場を造った、というと牧歌的だが、弟を殺したり、反対派の市民を虐殺したり、軍事費を賄《まかな》うために貨幣を悪鋳《あくちゅう》したり、と政治能力に欠けた暴君であった。ちなみに、ローマの大浴場は、ジムや図書館、劇場などを併設した巨大なレジャー施設である。

**諸葛亮**《しょかつりょう》（一八一〜二三四　中国・蜀漢《しょくかん》）

# 「戦に向くのはたぶんB型」

天才軍師というのは『三国志演義《えんぎ》』のつくった虚像だ。実際は、有能な政治家だったものの、軍事は苦手であった。典型的なA型人間である。すなわち、まじめで神経質で、部屋はきちんと整頓されており、物事を計画的に進める。一方、仕事を抱えこんでしまい、アドリブはきかず、独創性に欠ける。そんなイメージだ。しかし、虚像が生まれるほど、民に愛されていたのは事実である。ここまで人気のあった宰相は珍しく、その点はもっと評価されてもいい。

## 「邪馬台国はどこですか」

**卑弥呼《ひみこ》**（三世紀　邪馬台国《やまたいこく》）

邪馬台国を拠点にして倭国《わこく》を支配していた女王。邪馬台国がどこにあったかという論争は、東大（九州説）VS京大（畿内《きない》説）の学閥《がくばつ》の対立にはじまり、戦後は作家の参入もあって一般に広がった。この問題は「水《すい》行《こう》十日うんぬん」の「魏志倭人伝《ぎしわじんでん》」の記述に頼っていては、絶対に解決しない。各人が都合のいいように解釈しているだけだからである。考古学の発見と発展に期待するしかないのだが、朗報は畿内方面から届く可能性が高い。

シャープール一世（?〜二七二　ササン朝）

# 「ローマの天敵」

ササン朝ペルシアの二代皇帝。東のクシャン朝、西のローマ帝国に対して幾度も勝利をおさめ、王朝の基礎を固めた。ただ、ローマには強かったが、パルミラという小国に負けて、ユーフラテス河を越えての領土拡張は断念している。強敵に勝った後、伏兵に足をすくわれる。スポーツでよくあることは歴史にもよくあるのだ。

嵇《けい》康《こう》（二二三〜二六二　中国・魏《ぎ》）

# 「働け！」

「竹林《ちくりん》の七賢《しちけん》」のひとり。名家に生まれて多才でありながら、山にこもって詩をつくったり、琴を弾いたり、哲学問答をしたりして過ごした。友人に役人に推薦されると、自分は働きたくないのだ、と怒って絶交している。現代で言えば、引きこもりのニートだ。出仕《しゅっし》しなかったのは、政争に巻きこまれたくなかったからだが、結局は罪を着せられて殺されてしまう。どうせなら、世を変えるために才能を生かすべきではなかったか。

**マニ**（二一六〜二七七　ササン朝）

# 「世界宗教をひらいたが」

ユダヤ教の一派を信仰する家に生まれたマニは、ゾロアスター教とキリスト教を融合し、さらに仏教の影響も受けて、新しい宗教を創設した。マニ教は、東は中国から西はヨーロッパまで広がったが、その理由のひとつに、現地の宗教用語で布教をおこなうという方針があげられる。インドでは仏教の、ヨーロッパではキリスト教の言葉を使うのである。この方法は信徒を集めやすい反面、どこでも異端《いたん》として憎まれてしまう。

マニ自身もゾロアスター教徒に迫害されて処刑された。マニ教は十五世紀頃に絶滅している。

**陳《ちん》 寿《じゅ》**（二三三～二九七　中国・晋《しん》）

# 「『三国志』の生みの親」

歴史書のほうの『三国志』を著した人。蜀の生まれで、魏の後継たる晋に仕えていたため、魏を正統としながら蜀も讃え、ついでに呉も書いて、三国の歴史をひとまとめにした。よく練られた構想と簡明な叙述からは頭のよさがうかがえるが、それだけに敵も多く、官《かん》界《かい》では大成しなかった。そういう挫折が執筆の動機となるのはよくあるパターンだ。ちなみに、「魏志倭人伝」は『三国志』のなかの一節なので、邪馬台国論争の原因をつくったのは陳寿である。

**恵《けい》 帝《てい》**（二五九～三〇六　中国・晋）

# 「米がないなら肉を食え」

晋の二代皇帝。司馬懿《しばい》に始まる司馬一族は嫌味なほど頭がいい者が多いが、そのなかでは珍しくバカだった。にもかかわらず、最年長の皇子で母后《ぼこう》の寵愛《ちょうあい》を受けており、またその息子が優秀だったため、皇太子となる。ある重臣は玉座をなでて、「(あんなバカに坐《すわ》られるとは)この席が惜しい」と嘆いたという。恵帝は即位してからも期待にたがわず、民衆が飢えて穀物を食べられないと聞けば、「ならば何で肉粥《にくがゆ》を食わないのだ」などとのたまった(マリー・アントワネットの元ネタという説もある)。当然ながら、国は乱れ、皇太后と皇后の対立から内戦が勃発《ぼっぱつ》する。戦乱のなか、ある家臣が恵帝をかばって死んだ。恵帝の服も血に汚れたので、側近が着替えるよう勧めたところ、恵帝は言った。「忠臣の血がついているのだ。どうして着替えられようか」。このセリフから、実はバカのふりをしていただけではないか、という説も生まれたが、買いかぶりすぎだろう。暗愚《あんぐ》を装って実は……というパターンは小説ではよく見られるが、それは権力者の警戒を解いたり、高位に昇るのを避けたりするためのもので、恵帝の場合には当てはまらない。

## コンスタンティヌス一世(二七四?～三三七 ローマ帝国)

# 「キリスト教を公認したので名君」

四分割統治されていたローマを統一し、皇帝専制の強化につとめた。内政にもすぐれた構想力を発揮しているが、名君と称された一番の理由は、キリスト教を公認したことである。政治的必要からなされたこの政策により、コンスタンティヌスは聖人とされるにいたった。おかげで、讒言《ざんげん》を信じて息子を殺すなどの愚行が突っこまれることはあまりない。名君だって人間なのに、神聖化されてしまっているのである。

## 「書《しょ》聖《せい》」

**王羲《おうぎ》之《し》**（三〇七〜三六五　中国・東晋《とうしん》）

書道を学んだ人なら誰でも知っている、史上最高の書道家。その最高傑作とされる『蘭亭序《らんていじょ》』は、蘭亭という別荘に貴族を招いて詩会をしたときに、まとめた詩集の序文だ。ただし、酔っぱらって書いた下書きである。しらふに戻って清書しようとしても、この下書きを超える作品は書けなかった。芸術とはえてしてそういうものである。

**シャープール二世**（三〇九～三七九　ササン朝）

## 「最年少皇帝」

ササン朝九代皇帝。世界史上、もっとも若くして皇帝になった人物である。なにしろ、胎児のときに即位しているのだ。しかも、何人もいた兄たちをさしおいて。そこには当然、貴族やら聖職者やらの思惑《おもわく》がからんでいる。だが、シャープール二世は才気あふれる皇帝であり、長じて傀儡《かいらい》の境遇を脱すると、軍事でも内政でも実績をあげた。幼くして即位した君主というのは、周りの大人たちにスポイルされることが多く、シャープール二世のような例は珍しい。それにしても、才能どころか性別もわからない胎児を皇帝にしようなんて、よく思いついたものである。

**桓《かん》温《おん》**（三一二～三七三　中国・東晋）

## 「宣言通りに悪名を残す」

東晋の政治家・軍人。外では蜀の地を征服し、内では財政を立て直し、と実績をあげ、独裁的な権力を得た。しかし、帝位を譲り受けようとして果たせず、失意のうちに世を去る。「諸葛亮のようには生きられない（おれは皇帝になってやる）」「芳名《ほうめい》を残せないなら、悪名を残してやる」と言い放ったように、実力はあるが、あくの強い人物であった。政治家としてはこれくらいが頼もしい。「竹馬《ちくば》の友」「断腸《だんちょう》の思い」という故事成語《こじせいご》の語源となったエピソードでも知られる。ちなみに、桓温の言う「竹馬の友」は現在とは異なり、「昔からあいつはおれの手下だった」という意味である。

## 「背《はい》教《きょう》者《しゃ》」

**ユリアヌス**（三三二〜三六三　ローマ帝国）

ローマ皇帝。キリスト教徒ではなく、古代ギリシアに由来する多神教を信じていた。そのため評判が悪いが、皇帝になるまでの軌跡をみるに、善政をおこなう意思と能力はあったと思われる。思われる、というのは、即位してわずか二年で戦死してしまったからだ。ユリアヌスは、キリスト教を弾圧したわけではなく、特別扱いをしなかっただけである。むしろ、その禁欲的な生活態度は、敬虔《けいけん》なキリスト教徒に近かった。ユリアヌスが憎んでいたのは、特権を得て堕落したキリスト教徒だったのかもしれない。

## 「百万対七万で負ける」

**苻《ふ》堅《けん》**（三三八〜三八五　中国・前秦《ぜんしん》）

氐族《ていぞく》が建てた前秦の皇帝。すべての民族が融和した統一国家を理想にかかげ、華北《かほく》を制して南征《なんせい》をおこなった。しかし、東晋との天下分け目の戦いでは、圧倒的な兵力を擁しながら、多民族の混成軍が統制を欠き、裏切りもあって完敗を喫《きっ》してしまう。目前に迫った天下統一は、理想とともに泡と消えたのだった。

## 「画《が》聖《せい》」

**顧《こ》愷《がい》之《し》**（三四四？〜四〇五？　中国・東晋）

画絶《がぜつ》・才絶《さいぜつ》・痴絶《ちぜつ》の三絶と讃えられた天才肌の芸術家。絶はきわめているという意味で、画は絵、才は文章、そして痴は変わった行動を表す。顧愷之の奇行は、サトウキビを根本から食べるというかわいいものから、ふられた女の絵を描いて心臓に棘《とげ》をさし、病気にさせてしまうという呪いめいた話まで、実に幅が広い。呪いにはつづきがあって、病気になった女は顧愷之に看病されるうちに、その愛を受け入れる。すると、顧愷之は絵から棘を抜いて、女の病気を治したという。はたしてハッピーエンドなのか、この話。

**テオドシウス一世**（三四七〜三九五　ローマ帝国）

# 「せっかく統一したのに」

スペイン生まれのローマ皇帝で、内乱状態にあった帝国を再統一した。しかし、死に際して二人の息子に領土を分割して残したので、帝国は再び東西に分裂してしまう。その後まもなく、西ローマ帝国が滅亡することを考えると、何をやっているんだと突っこみたくなる。

**チャンドラグプタ二世**（?〜四一四頃　インド・グプタ朝）

# 「政略結婚はお家芸」

グプタ朝第三代の王で、最盛期を築いた。「武勇の太陽」のふたつ名にふさわしく、戦争にも強かったが、それ以上に政略結婚による外交が巧みであった。妻を迎えて出身部族と友好を深めたほか、デカン高原の王に娘を嫁がせ、娘に国を乗っ取らせている。グプタ朝は初代のチャンドラグプタ一世も名族の娘との結婚で成りあがっており、政略結婚はお家芸である。そこに愛があったかどうかは定かではない。

# 5世紀〜6世紀

6世紀の世界において、軍事・経済ともに最強国の地位にあったのは、ササン朝ペルシアである。建国300年を数える帝国は、稀代《きたい》の名君ホスロー一世のもと、ユーラシア大陸の中央に位置する地勢を生かして交易で栄え、東西の異文化と伝統文化を融合させた独特の文化を生みだした。ホスロー一世の死後、ササン朝は衰退に向かうが、その遺産はつづくイスラーム帝国に受け継がれる。

ヨーロッパは、フン族の侵攻とゲルマン民族の大移動によって、混乱のさなかにあった。従来、西ローマ帝国の滅亡から中世の暗黒時代が始まるとされていたが、その見方は一面的である。フランク王国をはじめとするゲルマン民族の諸国家にも当然、独自の文化や社会制度があり、ローマ時代ほどの華やかさや知識レベルはなくとも、人はそれぞれの価値観で懸命に生きていた。キリスト教は各国で信仰されたが、地理的な広がりと信徒の増加にともなって、宗派や学派の違いが現れはじめ、新たな対立を生んでいる。

中国では、南北朝《なんぼくちょう》時代がつづいている。華北《かほく》は鮮卑族の北魏《ほくぎ》が統一したが、やがて分裂し、隋《ずい》による統一を待つことになる。陰惨な闘争が頻発する時代だが、均田制《きんでんせい》や府兵制《ふへいせい》といった、後の隋唐《ずいとう》帝国の根幹をなす制度が生まれていることは注目に値しよう。南朝《なんちょう》では晋の流れをくむ王朝が興亡し、貴族文化が花開いた。

日本の大和朝廷《やまとちょうてい》は、中国の南朝に使者を送って称号を得ていた。史書の記述から、大和朝廷が九州や東日本に勢力を広げていった様子がわかり、考古学の成果からも裏付けられている。

## 法顕《ほっけん》（三三七〜四二二　中国・東晋）

# 「三《さん》蔵《ぞう》法《ほう》師《し》より偉い」

東晋の僧。インドに旅して仏典を持ち帰った。行きは陸路で六年、五年滞在して、海路で三年かけて帰っている。それだけでも称賛に値するが、法顕は出発したとき、すでに六十三歳だったのだ。その年齢で沙漠や高原を越え、海を渡って無事に帰国するとは、どれだけタフだったのだろう。インドへの求法《ぐほう》の旅といえば、七世紀の玄奘《げんじょう》（三蔵法師）が有名だが、彼が出発したときはまだ二十代。それを考えると、法顕の偉大さがよくわかる。

## 寇謙之《こうけんし》（三六五?〜四四八　中国・北魏《ほくぎ》）

# 「道教の大成者」

政治力を備えた宗教家が現れたとき、その宗教は発展する。北魏の太武帝《たいぶてい》の時代、道教は寇謙之の手腕によって組織化され、貴族や皇帝の保護を得て、国家宗教となった。太武帝は苛烈《かれつ》な廃仏《はいぶつ》をおこなったが、寇謙之はこれには賛成していない。仏教側の反撃を恐れたからでもあるし、宗教が強制できないことを知っていたからでもあろう。

# 「銘《めい》入りの鉄剣が出土」

**雄略《ゆうりゃく》天皇**（四一八？〜四七九？　大和朝廷）

大和朝廷の王。通説では、考古学的に実在が証明される最初の天皇である。六世紀以前の日本史は史料が乏《とぼ》しいため、史実の確定が難しいが、雄略天皇の時代に大和朝廷は九州や関東にまで勢力を広げたようだ。『日本書紀《にほんしょき》』には乱暴であったエピソードが語られているが、さかんに征服戦争をおこない、各地の豪族を平《たい》らげた実績の裏返しでもあろう。中国史料による倭王武《わおうぶ》に比定されており、「武」のイメージの強い天皇であった。

**ネストリウス**（三八一〜四五一頃　東ローマ帝国）

# 「マリアは人間と言ったので追放」

キリスト教の主教で、マリアが神の母（聖母）であることを否定するネストリウス派（景《けい》教《きょう》）の祖。ライバルの謀略《ぼうりゃく》によって異端とされ、東ローマ帝国から追放された。最後はエジプトの奥地で没している。弟子たちは東方に活路をもとめ、ペルシアや中国に教えを広めた。ネストリウス派は日本に伝わっていたという説もある。

**ガイセリック**（三八九?〜四七七　ヴァンダル）

# 「地中海沿いを大移動」

大移動を行ったゲルマン民族のなかでも、ヴァンダル族の移動距離は最長を誇る。東ヨーロッパからガリアを経てスペインへ、そしてジブラルタル海峡を渡って北アフリカに達し、そこから東進して今のチュニジア付近に国を建てたのだ。移動といってもただの旅ではなく、他の部族やローマ帝国と戦い、街を略奪しながら進むのである。女子供も連れており、総員八万とも十八万ともいわれる部族を統率するには、並大抵の器量ではつとまらない。これを指揮したガイセリックは略奪や破壊で悪名高いが、傑出《けっしゅつ》した指導者でもあった。ちなみに、ヴァンダル族はヴァンダリズム（破壊行為）の語源であると同時に、アンダルシアの語源でもある。

## 「神の災《わざわ》い」

**アッティラ**（四〇六頃～四五三　フン）

フン族の王。カスピ海から東欧、ドイツに至る大帝国を築き、ヨーロッパ人を震撼《しんかん》させた。しばしば破壊の権化《ごんげ》のように語られるが、実際は外交や策略に長けた人物で、異文化への理解もあった。その生涯と同様、死もまたドラマチックで、みずからの婚礼を祝う宴《うたげ》で倒れて急死している。病死から暗殺まで、さまざまなシナリオが書けそうだ。

**オドアケル**（四三三頃～四九三　西ローマ帝国）

## 「純朴すぎる傭兵隊長」

ゲルマン人の傭兵隊長。報酬を払わない西ローマ帝国を滅亡させて王位についた。東ローマ帝国の傘下に入って、公正な統治をおこなっていたが、その東ローマ帝国に言いがかりをつけられて攻撃を受けてしまう。追いつめられたオドアケルはだまされて降伏し、暗殺された。反乱を起こしたのも仲間に推されてのことであり、人望も能力もあったのだが、乱世で国を保つには善人でありすぎたといえよう。

**蕭衍**《しょうえん》〔梁《りょう》の武帝《ぶてい》〕（四六四～五四九　中国・梁）

## 「お寺ばかりが立派になる」

梁朝の創始者。治世の前半は名君だったが、後半になると仏教に耽溺《たんでき》して国を衰亡《すいぼう》させた。菜食《さいしょく》をつらぬく程度なら実害はないが、莫大な財産を寺に寄進《きしん》する捨身《しゃしん》を四度も実行したとなれば、問題である。さらに、人を罰するのを嫌い、戦に負けても、謀叛《むほん》を企てても、賄賂《わいろ》をとっても、苛酷な収奪をおこなっても、罪をとがめなかった。それでいて、自身は善政を布《し》いていたつもりなのだから、始末に負えない。反乱が起こって国が滅びたのも当然である。

# 「最初のフランス王」

**クローヴィス一世**（四六六頃〜五一一　フランク王国）

メロヴィング朝フランク王国の祖。ライン川沿いの小国に生まれ、フランク族を統一し、今のドイツ、フランスに領土を広げた。晩年にはフランク族の有力者を片端から粛清して王権を強化したが、後継者を定めなかったため、王国は伝統にしたがって、四人の息子によって分割されてしまう。カトリックに改宗し、法を整備するなど、ローマ亡き後のヨーロッパ世界の基礎をつくった一人であるが、詰めが甘かった。

## 酈道元《れきどうげん》（四六九〜五二七　中国・北魏）

# 「酷吏《こくり》と言われるが」

北魏の官僚。『水経注《すいけいちゅう》』という地理書を著した。地方官時代には苛烈な政治のせいで、民に恨まれて罷免《ひめん》させられている。権力者も怖れずに罰しており、残酷というよりは、厳格で融通《ゆうずう》のきかない人物であった。『水経注』は、千以上の河川を上流から下流までたどって、地理や地誌をまとめたもので、膨大な知識と丹念な実地調査のたまものである。細かくて妥協を知らない性格だからこそ、生み出せた書物であった。

## ユスティニアヌス一世（四八二／三〜五六五　ビザンツ帝国）

# 「不眠不休の皇帝」

ビザンツ皇帝。農民の子ながら、軍人だった叔父の養子になって栄達《えいたつ》し、皇帝にまで昇りつめた。きわめて勤勉かつ有能な皇帝であり、強引な富国強兵策をとって、ローマの栄光を取り戻すために不眠不休で働いた。身分によらず、才能のある人材を登用し、『ローマ法大全』の編纂、聖ソフィア大聖堂の建設、イタリアや北アフリカの回復など、数々の業績をあげている。もっとも、確かに領土は広がり、産業は発展したが、それはドーピングで一瞬の輝きを手に入れたようなもので、国力を超えて膨れあがった帝国は、ユスティニアヌス一世の死後、急速に衰える。皇帝自身は眠らずに仕事をしても長寿を保った鉄人であったが、誰もがそうなれるわけではないのだ。

# 「文学のパトロン」

**昭明太子《しょうめいたいし》**（五〇一～五三一　中国・梁）

梁の武帝の長子《ちょうし》。五歳で五経《ごきょう》を暗唱するなど、秀才として周囲の期待を背負って育つ。本好きで三万巻の蔵書を持ち、古今東西の名作を集めた『文選《もんぜん》』を編纂した。皇太子として父の政治を助け、貧民の保護に力を尽くしたが、残念ながら夭逝《ようせい》してしまった。父子の死ぬ順番が逆だったら……と誰もが思ったことだろう。

## 「娼《しょう》婦《ふ》から皇后へ」

**テオドラ**（五〇〇頃〜五四八　ビザンツ帝国）

ユスティニアヌス一世の皇后。サーカスの踊り子（踊るだけではない）で、しかもバツイチだったが、当時皇帝の腹心であったユスティニアヌスに見初《みそ》められた。ユスティニアヌスは、身分違いの結婚を禁じる法律を改正して、テオドラを妻に迎える。テオドラは聡明かつ勇気ある女性で、夫を助けて政治をおこない、貧しい女性や孤児の救済につとめた。都《みやこ》で反乱が起き、ユスティニアヌス一世が鎮圧をあきらめて逃げだそうとしたとき、彼女は古い言葉を引用してそれを戒《いまし》める。「帝衣は最高の死装束《しにしょうぞく》です」……地位を捨てて生き延びても仕方ない、逃げるくらいなら皇帝として死ね、とテオドラは言っ

たのだ。この言葉に発奮したユスティニアヌスは、三万人の市民を虐殺して反乱を鎮圧する。いやはや、すさまじい夫婦である。

## 「隋《ずい》唐《とう》のゴッドファーザー」

**宇文泰《うぶんたい》**（五〇五〜五五六　中国・西魏《せいぎ》）

鮮卑族の人で、北魏から分裂した西魏の事実上の統治者。このあたり、王朝の交代がわかりにくいが、北魏→西魏→北周《ほくしゅう》→隋→唐とつながる。隋を建てた楊氏《ようし》と唐を建てた李氏《りし》は、もともと宇文泰の子分であった。同じグループの出身者が次々と王朝を建てたのである。ゆえに、政治制度も継承されていて、宇文泰による均田制の採用や府兵制の創設は、隋や唐に大きな影響を及ぼした。つまり、大唐帝国のお祖父《じい》さんのような人なのである。

## 「『三国志』か『信《のぶ》長《なが》の野望』か」

**ホスロー一世**（？〜五七九　ササン朝）

ササン朝の黄金時代を築いた名君中の名君。軍事、内政、文化のすべての面で国を発展させた。ビザンツ帝国のユスティニアヌス一世とは繰りかえし戦い、勝利して、貢納《こうのう》を条件とした平和条約を結んでいる。ビザンツ帝国で迫害されたギリシア人学者を保護し、古代ギリシアの知識を後世に伝えた功績も大きい。しかしまあ……開墾《かいこん》と灌漑《かんがい》で農地を広げ、商業を発展させて収入を増やし、反乱の芽をつぶして治安をよくし、満を持して外征に出て敵を打ち破る……まるで戦略シミュレーションゲームのような治世である。

# 7世紀

人類の歴史において、7世紀の意義はきわめて大きい。

各地に英傑《えいけつ》が現れて覇を競ったこの時代、もっとも重要なのは、イスラーム教の成立である。ユダヤ教、キリスト教の延長線上にムハンマドがひらいた世界宗教は、現代に至るまで人類社会に大きな影響を与えつづけている。

最初は小さな共同体であったイスラーム教を奉じる集団は、またたくまにアラビア半島を統一、ササン朝を滅ぼし、北アフリカからイベリア半島にまで勢力を広げた。

その間、政治体制としては、正統カリフ時代の内紛を経て、ムアーウィヤがウマイヤ朝を建て、世襲の王朝へと変貌を遂げている。このとき、ムアーウィヤに反発し、アリーとその子孫のみをカリフとした勢力が、シーア派の原形である。

中国では、隋が久しぶりの南北統一を果たした後、煬帝《ようだい》の暴政によって滅び、唐が興った。唐は隋の制度を受け継いで発展させ、東アジアに君臨する大帝国となる。この帝国の基礎を築いたのは、太《たい》宗《そう》（李世民《りせいみん》）の善政（貞観《じょうがん》の治《ち》）だが、太宗が似たような境遇だった煬帝と違ったのは、よく臣下の進言を聞いたことであった。

唐の成立と拡大は周辺諸国を刺激し、その政治社会制度を範とした国造りをうながした。朝鮮半島では新羅《しんら》が統一を果たし、日本では大化《たいか》の改新が起こって天皇中心の体制が生まれている。チベットにも英主ソンツェン・ガンポが出て、統一と文化の発展がみられた。

インド亜大陸には様々な民族、言語、文化が存在し、また地勢的に分断されやすいので、統一国家をつくるのは難しい。しかし、7世紀には、ハルシャ・ヴァルダナとプラケーシン二世という英傑が現れ、それぞれ北インドとデカン高原に版図を広げた。もっとも、個人の器量に依存した体制は長続きせず、英傑の死後はまた群雄割拠の状況に戻ってしまう。

## 煬《よう》帝《だい》（五六九〜六一八　中国・隋）

# 「挫折した天才」

謀略によって兄を追い落とし、隋の二代皇帝となる。政治的構想力と文学的才能を備えた天才だったが、暴政によって臣下や民衆の離反を招いた。後継の唐を称揚《しょうよう》するため、暴君のイメージが過剰に語られるが、煬帝が建設した大運河は、中国の発展に不可欠のものだった。才能があるゆえの強烈な自負と、その裏返したる打たれ弱さが煬帝の特徴である。それをコントロールできる側近がいれば、名君になりえたかもしれない。

## 厩戸皇子《うまやどのおうじ》（?〜六二二　飛鳥《あすか》時代）

# 「昔、お札でした」

聖徳太子《しょうとくたいし》のモデルになった人。当時、政治の実権を握っていたのは蘇我《そが》氏だったが、やがてかれらは失脚、悪者にされる。そこで、政治や宗教のよいところは、すべて「聖徳太子」の業績とされ、さらに様々な伝説が加えられて神格化がなされた。「冠位十二階」は推《すい》古《こ》朝の史実だが、「十七条の憲法」はおそらく後の創作である。皇子がどれだけ政治に関わっていたかは定かではないが、学問好きで仏教を深く信仰していたことは確かなようだ。後世、お札になったりするとは露《つゆ》ほども思わなかったにちがいない。

**ムハンマド**（五七〇頃～六三二　アラビア）

## 「予言者ではなくて預言者」

四十歳頃に啓示を受けてイスラーム教をひらき、巧みな戦闘指揮と謀略、外交を駆使して、アラビア半島を統一した。宗教の開祖のなかでは珍しく世俗的能力にすぐれており、世界三大晩成英雄の一人にも数えられる。十人以上の妻を娶《めと》っているが、そのほとんどは寡婦《かふ》か離婚経験者であった。好色なイメージがあるが、みさかいなく女を集めていたわけではない。

**プラケーシン二世**（?～六四二頃　インド・チャールキヤ朝）

## 「飲酒運転の象部隊」

チャールキヤ朝（インド南部）の王。デカン高原をほぼ統一し、ヴァルダナ朝を破ってその南下を防いだ。軍の主力は象部隊だが、戦の前には兵士にも象にも大量の酒を飲ませ、酔っ払わせてから突撃させたという。そんな極端な戦法を使いながらも、プラケーシンは善政を布《し》いていたが、宿敵のパッラヴァ朝との戦いで戦死した。酒が足りなかったのだろうか。

**ハルシャ・ヴァルダナ**（五九〇頃～六四七　インド・ヴァルダナ朝）

## 「一代限りの栄華」

分裂状態にあったインドで一国の王子として生まれ、北インドを統一してヴァルダナ朝を建てた。プラケーシン二世に敗れて全土の統一はならなかったが、宗教と文化を保護し、ヴァルダナ朝を繁栄に導く。しかし、後継者を定めずに死んだので、国はあっというまに滅びてしまった。名君の後継者選びは、いつの時代、どの地域でも問題になるのだ。

**ソンツェン・ガンポ**（五八一～六四九　チベット・吐蕃《とばん》）

# 「チベットの英《えい》主《しゅ》」

チベット高原を統一して、唐に匹敵する強国・吐蕃を建てた。唐とネパールから迎えた妻を通じて、文化や技術を導入し、国を発展させている。チベット文字の制定、法制度の確立など、後世に影響する治績が多い英主である。

**アリー**（六〇〇頃～六六一　正統カリフ時代）

# 「武勇にすぐれたカリフ」

四代目正統カリフにして、シーア派の初代イマーム（指導者）。ムハンマドの従兄弟《いとこ》であり、内乱を制して正統カリフの地位についたが、敵対勢力によって暗殺された。正統カリフは四人中三人が暗殺者の凶刃《きょうじん》に斃《たお》れている。アリーは猛将タイプの人物で、先頭に立って戦うのは得意だったが、政治的駆け引きや謀略は苦手であり、後述のムアーウィヤとも直接対決では勝ちながら、最終的には敗れ去ってしまった。『三国志』に出てきそうなキャラクターである。

# 「名君になりたい」

**李世民**《りせいみん》〔唐の太宗《たいそう》〕（五九九～六四九　中国・唐）

唐の二代皇帝。クーデターを起こして兄と弟を殺し、父を幽閉《ゆうへい》して即位している。その負い目からか、自分が後世の人間にどう評価されるかを非常に気にしていた。正史の編纂を国家事業にして歴史を都合の良いように書き換え、また、煬帝を反面教師として、どうすれば名君として讃えられるか研究し、貞観の治と呼ばれる善政をおこなった。唐の繁栄の基礎を築いたのは、まぎれもなくこの人だ。名君になろうとして名君になったのだから、素直に褒《ほ》めればよいのだが、どうも釈然としない。父や兄の功績を奪って自分ひとりで建国したような顔をしているところが、もやもやとした気持ちにさせるのだ。

## 「儒教の教科書作成」

**孔《く》穎達《ようだつ》**（五七四〜六四八　中国・唐）

唐の儒学者。太宗の命令で『五経《ごきょう》　正義《せいぎ》』を編纂した。これは儒教の経典《けいてん》の正しい解釈を記した書物で、いわば国定の教科書である。史書にしろ、経書《けいしょ》にしろ、国定のものをつくって、異論を認めないのが太宗の方針だった。学者にとっては窮屈な時代であったろう。

ムアーウィヤ（六〇三頃～六八〇　ウマイヤ朝）

## 「宗教共同体から世俗国家へ」

ウマイヤ朝の初代カリフ。内部抗争を勝ち抜いてカリフの地位に就き、イスラーム共同体を世襲の王朝に変容させた。すぐれた政治手腕の持ち主で、統治システムをつくりあげ、軍事制度を整え、文化事業を推進して、ペルシアからイベリア半島まで広がる帝国の基礎をきずいた。ちなみに、ムアーウィヤの出たウマイヤ家は、もともとメッカの有力者で、父の代ではムハンマドと激しく対立していた。このときはムハンマドが勝って、ウマイヤ家はイスラーム教に改宗している。その後、再びムハンマド一族（アリー）と争ったウマイヤ家（ムアーウィヤ）は、今度は勝利して帝国をのっとったということになる。

天武天皇《てんむてんのう》（六三一～六八六　飛鳥時代）

## 「ある意味、最初の天皇」

壬申《じんしん》の乱で大友皇子《おおとものおうじ》を破り、実力で皇位に即《つ》いた。「天皇」という称号を初めて使ったとされている。兄である天智《てんじ》天皇（ただし、仲は悪い）が中心となって進めた大化の改新の路線を引き継ぎ、天皇中心の政治体制を構築した。内政については兄より上だが、唐より新羅《しらぎ》を重視した外交は危うかった。日本は古代から一貫して外交下手である。

# 「中国史上唯一の女帝」

**武則天《ぶそくてん》**（六二四頃～七〇五　中国・武周《ぶしゅう》）

美貌と権謀術数を駆使して唐の高宗《こうそう》の皇后となり、政治の実権を握ると、ついにはみずから即位して中国史上唯一の女帝となった。残忍で疑い深い性格であり、苛烈な粛清をおこなったため、悪女と称される。しかし、高い政治力とバランス感覚の持ち主でもあり、すぐれた人物を登用し、国を富ませたのは確かである。後の玄宗《げんそう》の治世の繁栄は、彼女の遺産によるところも大きい。

# 8世紀

8世紀の重要な事件として、ふたつの会戦があげられる。トゥール・ポワティエ間の戦いとタラス河畔《かはん》の戦いである。両方とも異なる文明同士の争いであり、戦い自体の規模はそれほど大きくなかったが、ふりかえってみると大きな意義を持っていたことがわかる。

トゥール・ポワティエ間の戦いは、ウマイヤ朝とフランク王国の間でおこなわれた。イベリア半島からピレネー山脈を越えて攻め入ったウマイヤ朝軍を、フランク王国のカール・マルテルが迎え撃ち、かろうじて勝利をおさめたものである。以後、イスラーム王朝がピレネー山脈を越えて支配の手を伸ばすことはなくなる。

8世紀の半ば、イスラーム帝国で革命が起こり、ウマイヤ朝はアッバース朝にとってかわられた。そのアッバース朝が中国の唐朝を破ったのが、タラス河畔の戦いである。これは辺境の紛争に過ぎなかったが、結果として、中国の西の限界を天山《てんざん》山脈に定めることとなった。また、この戦いで製紙法が西方に伝わったとされる（異論もある）。

タラス河畔の戦い以前、唐は玄宗《げんそう》のもとで未曾有《みぞう》の繁栄を謳歌《おうか》していた。都の長安《ちょうあん》には西方から人や物が往来して、異国情緒あふれる文化が花開いていた。しかし、その繁栄は安禄山《あんろくざん》の反乱によって終わりを告げる。反乱はかろうじて鎮圧されたものの、唐の社会は内向きの変革を余儀なくされた。

日本は奈良時代に入る。藤原不比等《ふじわらのふひと》らによって律令《りつりょう》国家が形作られ、遣唐使《けんとうし》を通じて唐の先進的な文化や仏教を受け入れた。また新羅や渤海《ぼっかい》とも通交し、唐を中心とする東アジアの国際秩序に組みこまれた。

**大祚栄《だいそえい》**（?〜七一九　渤海《ぼっかい》）

# 「渤海国は渤海に面していない」

高句麗《こうくり》の遺民と靺鞨族《まっかつぞく》をひきいて唐から自立、いまの中国東北部、ロシア沿海州に渤海国を建てた。大国を向こうにまわし、外交の駆け引きで独立を保った手腕はお見事。しかし、微妙な位置に微妙な民族構成で国をつくってしまったがために、後世、ロシア、中国、北朝鮮、韓国が、自国の歴史だと主張して取り合いになっている。もちろん、大祚栄には何の責任もないのだが……。

**藤原不比等《ふじわらのふひと》**（六五八／九〜七二〇　奈良時代）

# 「誰の子?」

中臣鎌足《なかとみのかまたり》の息子だが、天智天皇の御落胤《ごらくいん》との説もある。皇室との関係を深めて権力を握り、平城京《へいじょうきょう》遷都と律令国家の形成に尽力した。『日本書紀』の編纂や曲筆《きょくひつ》も主導したとされる。大化の改新（乙巳《いっし》の変）についての記述は、彼が中臣鎌足や天智天皇の功績を誇張して書かせたというのだ。この不比等から、数百年にわたる藤原氏の栄華がはじまる。

**レオーン三世**（六七五頃〜七四一　ビザンツ帝国）

## 「ウマイヤ朝から都を死守」

ビザンツ皇帝。下層民の生まれから、軍人として名を上げ、帝位に即いた。ビザンツ皇帝にはこういう成りあがりのケースが多い。レオーン三世は、ウマイヤ朝軍に首都コンスタンティノープルを包囲されながら、みずから艦隊をひきいて奮戦し、撃退している。内政にも実績をあげているが、聖像崇拝を禁じたため、民からも貴族からも評判が悪い。もっとも、このころのビザンツ帝国は、改革につとめた名君ほど悪く言われる時代であった。もちろん、同時代に評判が悪いからといって、後で評価されるとはかぎらない。

**聖武《しょうむ》天皇**（七〇一〜七五六　奈良時代）

## 「引越魔」

仏教に深く帰依し、東大寺《とうだいじ》と奈良の大仏を造らせた天皇。引っ越し好きで四回も遷都している。疫病や災害が続いたためではあるが、付きあわされる役人や民にとってはたまったものではない。大仏の建立《こんりゅう》にも莫大な費用と労力がかかっているわけで、後世の奈良の観光には役立ったが、同時代の人々にとっては困り者の為政者《いせいしゃ》であった。

# 「ヨーロッパ防衛の英雄」

**カール・マルテル**（六八八？～七四一　フランク王国）

フランク王国の宮宰《きゅうさい》（宰相）。王を傀儡《かいらい》として実権を握り、富国強兵に努めた。トゥール・ポワティエ間の戦いに勝って、イスラーム勢力のヨーロッパ侵出を防いだことで名高い。ちなみに、この戦いでヨーロッパへの軍用馬の導入と騎兵の育成は、この戦いでウマイヤ朝騎兵の強さにショックを受けたことにはじまる。カール・マルテルは騎士団の生みの親でもあるのだ。

**玄宗**《げんそう》（六八五〜七六二　中国・唐）

# 「若いころは格好良かったのに」

唐の皇帝。武則天亡き後の混乱を収拾して、開元《かいげん》の治と呼ばれる善政をおこない、唐の最盛期をもたらした。が、後半は楊貴妃《ようきひ》におぼれ、政治に興味を失って、唐滅亡の原因をつくっている。これもまた、名君でありつづける難しさをしめした例だ。もちろん、玄宗の堕落は自身の責任であって、楊貴妃のせいではない。

**鑑真**《がんじん》（六八八〜七六三　中国・唐）

# 「何としても日本へ」

唐代の高僧。仏教の戒律《かいりつ》を伝えるため、要請に応えて日本渡航を決意する。しかし、暴風雨に加え、唐を離れることを望まない弟子や朝廷の妨害もあって、五回も失敗し、おまけに失明してしまう。それでもめげず、六回目にようやく日本にたどりつき、以後は仏教の発展につとめた。根性の人である。それにしても、何度も遭難しながら助かるのは仏の加護なのかもしれないが、危機に陥る前に何とかしてほしいような気もする。

# 「愛《あい》嬌《きょう》のあるデブ」

**安禄山**《あんろくざん》（七〇三?～七五七　中国・唐）

ソグド人と突厥《とっけつ》のハーフで、六カ国語を操る商人だったが、唐に仕えて軍人として出世し、最大の兵力をかかえる節度使《せつどし》（地方の軍司令官）になる。権力闘争の末に反乱を起こしたが（安史《あんし》の乱）、糖尿病の進行で錯乱し、息子に殺された。安禄山は人並みはずれた肥満体だったが、陽気で気前が良く、人の心をつかむのがうまかった。玄宗と楊貴妃を楽しませるため、巨大なゆりかごに乗って赤ん坊の真似をしてみせたエピソードは、その典型である。広告代理店にいそうな営業向きの性格だった。

**李《り》白《はく》**（七〇一〜七六二　中国・唐）

# 「詩《し》仙《せん》」

杜甫《とほ》と並び、中国史上最高の詩人と称される。酒好きで礼を嫌う芸術家タイプだったため、宮仕《みやづか》えは長続きせず、流浪《るろう》の日々を過ごした。まじめな杜甫とは好対照だが、それゆえに仲は良かった。その死には伝説があって、酔っ払って舟に乗っているとき、水面に映った月を捉《とら》えようとして転げ落ち、そのままあがってこなかったという。さすが詩仙と呼ばれるだけのことはある。

**道鏡《どうきょう》**（七〇〇?〜七七二　奈良時代）

# 「日本の怪僧」

僧侶でありながら、孝謙《こうけん》天皇（女帝）の寵愛を受け、権力をふるった。そのため、巨根だったという俗説がまことしやかに語られているが、残念ながら何の根拠もない。かわいそうなのは孝謙天皇だ。女性天皇になったばかりに結婚を禁じられ、病を治した僧侶を重用すれば、あらぬ噂を立てられる。いや、事実である可能性はゼロではないけれど。

# 「異国で名をあげるも……」

**阿倍仲麻呂《あべのなかまろ》**（六九八～七七〇　奈良時代）

奈良時代の遣唐留学生《けんとうるがくしょう》。唐の朝廷に出仕すると、李白ら唐を代表する文人と親交を深めながら出世し、晩年には安南《あんなん》（ベトナム）節度使《せつどし》まで務めた。唐は異国人にも開かれた王朝であったが、それにしても目をみはる栄達ぶりである。しかし、安南節度使に任じられたのは、帰国に失敗して安南に漂着したのがきっかけであって、何というか……適当だ。安史の乱の混乱期だから仕方ないのだが。

**マンスール**（七一二～七七五　アッバース朝）

## 「粛清がもたらした安定」

アッバース朝二代カリフ。ウマイヤ朝を倒した革命の功臣を粛清し、反乱を鎮圧して、アッバース朝の支配を固めた。内政では、ササン朝にならった中央集権政策をとり、学問を保護して、繁栄の基礎を築いている。東の唐朝、西のフランク王国と誼《よしみ》を通じるなど、鋭い外交感覚も持っており、敵に対しては冷厳だが、頭の切れる男であった。二代目が優秀だと王朝が長続きする例である。

**アテルイ**（?～八〇二　平安時代）

## 「征《せい》夷《い》大《たい》将《しょう》軍《ぐん》に敗れる」

東北地方を支配していた蝦夷《えみし》の指導者。寡《か》兵《へい》をもって朝廷の大軍を破り、その名をとどろかせたが、坂上田村麻呂《さかのうえのたむらまろ》に敗れ、畿内に連行されて殺された。平安時代になってもまだ、本州は統一されていなかったのである。

**アブド・アッラフマーン一世**（七三一～七八八　後ウマイヤ朝）

# 「クライシュ族の鷹《たか》」

貴種流離譚《きしゅりゅうりたん》の主人公。ウマイヤ朝カリフの孫としてダマスクスに生まれる。王朝の滅亡の際、ウマイヤ家の者は皆殺しにされたが、アブド・アッラフマーンはユーフラテス河を泳いで逃亡し、パレスティナから北アフリカ、さらにイベリア半島に渡る。そこで兵をあげ、独立して後ウマイヤ朝を建てた。武勇と知略にすぐれた人物で、アッバース朝と結んだフランク王国のカール大帝を破った戦いは、ヨーロッパでも絶賛されている。そのうえ、詩歌《しいか》の才能もあり、モスクの建設など文化にも貢献し、と、隙《すき》のない英雄だ。「クライシュ族の鷹」の異名にも納得せざるを得ない。

**エイレーネー**（七五二～八〇三　ビザンツ帝国）

# 「息子の目をつぶした聖人」

ビザンツ帝国の女帝。幼い息子の摂政《せっしょう》を務めていたが、息子が反抗するようになったため、その目をつぶして帝位を奪った（ビザンツ帝国では五体満足でなければ皇帝の資格はない）。こうして即位したものの、周りは敵ばかりである。そこで、エイレーネーは人気取りのために無理な減税を断行し、恣意《しい》的な人事をおこなって、帝国を滅亡の淵に追いやった。にもかかわらず、偶像崇拝を復活させたという理由で、正教会の聖人に列せられている。何ともおそろしい女性である。

# 9世紀

8世紀から9世紀にかけて、世界各地の王朝で同じような展開が見られた。最盛期を迎えて絢爛たる文化芸術が栄えたかと思うと、次の代で分裂から衰退へと向かうのだ。唐の玄宗の治世がそうだったし、アッバース朝のハールーン・アッラシードの時代、フランク王国のカール大帝の時代も同様である。

唐は安史の乱によって、東アジアの盟主の地位を失った。軍閥と化した節度使の力を削《そ》ぐことは難しく、また中央でも権力闘争が激しくなって、民の生活が顧《かえり》みられなくなる。結果、農民反乱が相次ぎ、黄巣《こうそう》ひきいる反乱軍に長安を落とされて、事実上、滅亡した。

ハールーン・アッラシード治下のバグダッドは、世界の中心と呼ぶにふさわしい大都市であった。交易路の発達により、世界中から人と富と知識が集まり、人口は150万に達していたという。しかし、人の流れが活発になると、地方の力も高まっていく。9世紀後半になると、いたるところで自立の動きがみられ、アッバース朝は大帝国を維持するのが困難になる。

ヨーロッパでは、カール大帝の歴史的意義が大きい。その旺盛《おうせい》な征服活動によって、スペインとイタリア南部を除く西ヨーロッパがひとつになり、ゆるやかだが共通の価値観のもとにまとめられた。カールの帝国はすぐに分裂するが、この時代の統一と分裂は、現代ヨーロッパの地域的枠組みにも影響を及ぼしている。

これに対するビザンツ帝国は、長い低迷の時期をようやく脱する。ニケフォロス一世の財政改革が成果をあげ、さらに内外の情勢が安定したこともあって、安定と繁栄へと向かっていく。

## 「屈辱の詔《みことのり》」

**徳《とく》宗《そう》**（七四二〜八〇五　中国・唐）

唐の皇帝。安史の乱で弱体化した唐朝を立て直そうと、税制改革や節度使の権力抑制を試みたが、改革は失敗。反乱が起き、それを鎮圧するために増税をおこなったせいでまた反発を受け……と悪循環に陥って、「己を罪する詔」を出すはめになった。改革の方向性はまちがってはいないものの、政治力が足りなかった。徳宗の治世に導入された両税法《りょうぜいほう》は、年に二回、資産に応じた税を銭で納めさせるもので、形を変えつつ明《みん》代まで続いている。

## 「千《せん》夜《や》一《いち》夜《や》の王」

**ハールーン・アッラシード**（七六六〜八〇九　アッバース朝）

アッバース朝の最盛期をもたらしたカリフ。対外遠征で成功をおさめ、学問や芸術を奨励して、都のバグダッドを唐の長安と並ぶ豊かで華やかな国際都市に育てた。『千夜一夜物語』にも登場する。冒険商人シンドバッドを使者に用いたのはこのカリフだ。

**ニケフォロス一世**（?〜八一一　ビザンツ帝国）

# 「財政改革で憎まれる」

ビザンツ皇帝。もとは財務官僚で、クーデターでエイレーネーを倒して即位すると、経歴を生かして増税策をとり、破綻していた財政を再建することに成功した。その政策は十大悪政として忌《い》み嫌われたが、後世の評価は高い（エイレーネーがひどすぎたおかげでもある）。彼の施策は単に苛酷な増税ではなく、とるべきところからきちんととる、という公正の姿勢をともなっていた。戦争は得意ではなかったが、積極的に外征に出ており、最後は戦死している。責任感の強い人ではあったが、戦は専門家に任せてほしかった。

**フワーリズミー**（七八〇頃〜八五〇頃　アッバース朝）

# 「代《だい》数《すう》学《がく》の父」

アッバース朝に仕えた学者。インドやイランの学問を基礎に、数学や天文学の著作を残した。数学に関する著作はラテン語に訳され、十六世紀頃までヨーロッパの各大学で教科書として用いられた。代数学（アルジェブラ）、アルゴリズムなどの語源はこのフワーリズミーに由来する。概念を新たに発明するより、わかりやすく伝えることに秀《ひい》でた学者であった。こういうタイプも、学問の発展には欠かせない。

# 「珍獣好きの大帝」

**カール大帝**（七四二〜八一四　フランク王国）

フランク王（カロリング朝）、西ローマ皇帝。フランス語ではシャルル、英語ではチャールズで、カールはドイツ語。五十三回にわたる出征で領土を広げ、ゲルマン・ローマ・キリスト教の文化を統合して、西ヨーロッパ世界の基盤をつくった。この時代、征服活動と文化発展はセットになっているようで、カールの宮廷でも学問が盛んにおこなわれている。それはまた、拡大した王国の統治に必要な人材を育成するという、実

際的な目的も持っていた。カール自身は勉強も運動も好きだったが、趣味は珍獣の収集であり、宮廷に動物園を開いて諸国から贈られた象や猿、ライオンなどを飼っていた。これは外交の成功と皇帝の権威を見せつけるためと説明されるが、大帝は少年の心を持っていたということにしておきたい。

# 「ノルマン人は東にも行く」

**リューリク**（?～八七九　ノヴゴロド公国）

ノルマン系ルス族をひきいてロシア北西部に上陸、ノヴゴロドを拠点にノヴゴロド公国を建設したという。ロシア建国の祖とされるが、その生涯は伝説に包まれている。ちなみに、ノヴゴロドは直訳すると「新しい街」である。史書に出てくるなかでは、ロシアで一番古い街なのだが。

## 「日本が誇る美女」

**小野小町《おののこまち》**（九世紀　平安時代）

平安時代の歌人。美人の代名詞（文字通りの意味だ！）。肖像は伝わっていないが、みんなが美人と言うからには美人だったのだろう。ただ、平安時代はもてる条件のひとつに、和歌がうまいこと、というのがあって、小町はこの点で群を抜いていた。だからもてるけど、実物を見てがっかり、だから誰とも結ばれなくて恋多き女になる、という展開も考えられないことはない。

**黄《こう》巣《そう》**（?～八八四　中国・唐）

## 「唐を滅ぼした塩賊《えんぞく》」

唐末の農民反乱の指導者。科挙《かきょ》に落第して任官《にんかん》をあきらめ、塩の密売で財をなし、反乱軍をひきいて都を落とすも、まともな政治ができず、仲間割れして滅亡……と、哀しいまでにステレオタイプな反乱人生であった。ブレーンより先にオリジナリティがほしい。

# 「なぜか学問の神様に」

**菅原道真《すがわらのみちざね》**（八四五〜九〇三　平安時代）

平安時代の政治家。貴族に生まれ、順調に出世するが、中央集権的な政策で敵をつくり、大宰府《だざいふ》に左遷された。死後、平安京に落雷などの災害が相次ぎ、道真の祟《たた》りとの噂が流れたため、名誉回復がなされた。そして、雷をあやつることから天神《てんじん》として敬《うやま》われた、まではわかるが、さらに後には学問の神様になって、受験シーズンに活躍している、となると首をかしげざるをえない。祟りはどこへいったのだろうか。もっとも、道真がすぐれた歌人であり、高い学識をそなえていたことは確かである。関羽《かんう》が商売の神様になるよりは納得できる話だ。

**シャルル二世**（八二三〜八七七　西フランク王国）

# 「王冠が欠かせない」

フランク族の相続制度には困ったものである。すべての息子に分割して相続させるので、決まって兄弟喧嘩が起こるのだ（ひとりが相続する制度でも争いは起こるが）。カール大帝が死んだときは息子がひとりだったので良かったが、そのあとは相続人が三人いた。シャルルは末弟で、次弟と結んで長男を破り、西フランク王国を継いだ。このときの三分割が、フランス、ドイツ、イタリアのもとになっている。しかし、「禿頭王《とくとうおう》」というあだ名はあんまりだと思うのである。

# 10世紀

9世紀の混乱を経て、10世紀には新しい秩序が生まれる。

中国では、五代十国《ごだいじっこく》の混乱が収束し、宋《そう》が統一を果たした。これは一代で成された事業ではない。まず、五代一の名君と称される後《こう》周《しゅう》の柴栄《さいえい》が、軍事と内政の改革をおこない、南征に勝利して基礎を築いた。柴栄が若くして病死すると、軍の支持を受けた趙匡胤《ちょうきょういん》がクーデターを起こして後を継いだ。趙匡胤の政治を助けたのは、後の二代皇帝太宗《たいそう》と宰相の趙普《ちょうふ》であった。同じころ、朝鮮半島でも分裂から統一へという流れが生じ、王建《おうけん》が高麗《こうらい》を建国している。

イスラーム世界では、アッバース朝の威勢が衰え、各地に王朝が分立した。イベリア半島は後ウマイヤ朝、北アフリカはファーティマ朝、イラクにブワイフ朝、イラン・中央アジアにサーマーン朝である。前二者は独自のカリフを擁立《ようりつ》して対決姿勢をとったが、後二者はアッバース朝カリフの宗教的権威のもとで世俗的権力を確立した。

ヨーロッパでは、ノルマン人、スラブ人、さらにマジャール人の移動で、民族地図が塗り替えられる。現在のロシアおよび東欧諸国の原形ができたのはこの時代だ。ノルマンディー家やカペー家など、現在につらなる王家が表舞台に現れたことも注目に値する。また、ビザンツ皇帝と神聖ローマ皇帝の並立、ギリシア正教とカトリックの勢力争いなど、東西対立のかたちも明確になっていく。オットー一世の戴冠《たいかん》が神聖ローマ帝国のはじまりとされるが、19世紀初頭まで続くこの帝国は、時代や状況とともに体制を変える曖昧《あいまい》な存在であった。

**アブー・アブドゥッラー**（?〜九一一／二　ファーティマ朝）

# 「恩を仇《あだ》で返される」

ファーティマ朝の事実上の建国者。ファーティマ朝はいまのチュニジア付近に建てられたシーア派系イスマーイール派の王朝である。アブー・アブドゥッラーは信者を集めて蜂《ほう》起《き》し、勝利を重ねて独立を果たした。カリフに擁立したのは、イスマーイール派の指導者ウバイドゥッラーである。ウバイドゥッラーは敵に捕らわれていたところを救出されて即位したのだが、恩知らずにもアブー・アブドゥッラーを追放し、やがて殺してしまう。あわれアブー・アブドゥッラーは功《こう》を奪われただけでなく、命まで奪われてしまったのであった。功臣の粛清は、古今東西を問わず、どこにでもある悲劇だ。粛清で安定する例が多いのもまたやるせない。

**シメオン**（八六四〜九二七　ブルガリア）

# 「帝位を狙った代償」

ブルガリア公。幼いころはビザンツ帝国に派遣されてキリスト教の教育を受けていたが、故国の内紛によって呼び戻されて即位する。軍略にすぐれており、宗主国《そうしゅこく》たるビザンツ帝国に攻めこんで何度も勝利した。しかし、貢納金《こうのうきん》は得たものの、コンスタンティノープルの攻略はならず、帝位には届かなかった。何十年も戦争をつづけた代償は大きく、彼の死後、疲弊《ひへい》したブルガリアは滅亡に向かう。シメオンがビザンツ打倒にこだわった理由は、幼いころの留学経験にありそうである。優秀であったがゆえに田舎者と馬鹿にされ、復讐心と民族愛が刺激されたにちがいない。

**王建**《おうけん》（八七七〜九四三　高麗《こうらい》）

# 「高麗の建国者」

出自は不詳。新羅《しんら》に対して反乱を起こした後高句麗《ごこうくり》軍の一員であったが、主君を倒して独立、後三国《ごさんごく》時代と呼ばれる乱世を制して朝鮮半島を統一した。朝鮮史の三国時代は、高句麗、新羅、百済《ひゃくさい》、後三国時代は、新羅、後高句麗、後百済《ごひゃくさい》である。ややこしや。

**ロロ**（八六〇〜九三三　ノルマンディー公国）

# 「初代ノルマンディー公」

ノルマン人（ヴァイキング）の指導者。配下の部族民をひきいて北フランスに上陸、各地を略奪してまわり、パリにも迫った。その後、西フランク王国と講和して領土を割譲《かつじょう》され、キリスト教を受け入れる。後にロロの子孫はイングランドを征服してイングランド王となった。その王統はいまも続いているので、ロロはエリザベス女王やチャールズ皇太子の祖先ということになる。

**馮《ふう》道《どう》**（八八二〜九五四　中国・五代《ごだい》）

# 「乱世の宰《さい》相《しょう》」

中国五代の政治家。五つの王朝、十一人の君主に仕え、次々に支配者が替わる五代の中《ちゅう》原《げん》で、政治をつかさどりつづけた。不忠者《ふちゅうもの》とのそしりはあるが、軍事政権ばかりの五代時代にあって、最低限の民の生活が守られたのは、馮道のおかげである。君に対する忠はなくとも、民に対する仁をつらぬいた人だった。

**オットー一世**（九一二～九七三　神聖ローマ帝国）

# 「上司にはしたくない」

東フランク国王にして、神聖ローマ帝国初代皇帝。後継者争いにはじまり、諸侯《しょこう》の反乱や、身内の反乱、さらに外敵の侵入など、血と汗と涙でどろどろになった戦いを勝ち抜き、その間に三度もイタリアに遠征して、ローマ皇帝の地位を得た。自分でこうだと決めたら、なりふりかまわず突き進むタイプで、他人の気持ちを思いやる度量はなかった。何度も近い人物に反乱を起こされるのは、人徳がないからである。にもかかわらず成功をおさめたのは、戦争と謀略の才があったことと、何より運がよかったからだろう。

# 「中国の信長？」

**柴《さい》栄《えい》**（九二一～九五九　中国・後周《こうしゅう》）

後周の世宗《せそう》。養父の後を継いで皇帝となり、内には合理的な改革をおこない、外には南北に雄敵《ゆうてき》を破って、五代随一《ずいいち》の名君と讃えられた。しかし、在位わずか五年で没し、中国統一の夢は部下であった趙匡胤が継ぐことになる。その改革姿勢と仏教を弾圧したことから、よく信長にたとえられるが、部下に叛《そむ》かれたわけではない。また、仏教の弾圧は、宗教上の動機ではなく、政治上の必要からおこなわれている。資格もないのに税を逃れたくて僧になる者がいたり、寺院が金や土地を集めたり、といった状況を打破することが、統一を果たすために不可欠であった。

**趙《ちょう》匡《きょう》胤《いん》**（九二七～九七六　中国・宋《そう》）

# 「いいひと」

宋の太祖《たいそ》。柴栄の側近で、部下に推《お》されて即位し、宋を建てた。趙匡胤は誰からも好かれた「いい人」である。民の生活を第一に、とか、無駄な殺生をするな、とか、他の英雄が言うと人気取りに聞こえるセリフも、趙匡胤だと本心に聞こえる。逆に言えば、曹操《そうそう》や李世民のようなアクの強さがなく、奸雄《かんゆう》としての魅力には欠けるといえよう。

# 「趙《ちょう》兄弟の悪いほう」

**太宗《たいそう》**（九三九〜九九七　中国・宋）

宋の二代皇帝。趙匡胤の弟。武に優れた兄とは対照的に文に優れ、趙普《ちょうふ》とともに、内政や謀略に力を発揮して、兄を支えた。趙匡胤が光なら、こちらは影である。しかし、兄の死後はみずから帝位に即き、兄の子たちを死に追いやって、自分の子に後を継がせた。兄を暗殺したとの疑いもあるが、むしろその死を迅速《じんそく》かつ最大限に利用したと考えるべきだろう。

**趙普《ちょうふ》**（九二二〜九九二　中国・宋）

# 「これぞ名宰相」

宋の太祖、太宗の二代に仕え、宋朝の基礎を築いた。構想力と企画力と実行力に秀でた、中国史でも一、二を争う名宰相。五代の諸王朝と異なり、宋が長くつづいたのは、彼と太宗の手腕によるところが大きい。性格は頑固だが、清廉とは言いがたく、賄賂は拒まなかった。ただし、金銭を得ても便宜を図ることはしなかった。ただ、もらうだけである。小悪党の思惑が通じるような人物ではなかったのだ。

**ミェシュコ一世**（九二二頃〜九九二　ポーランド）

# 「宗教は政治の道具」

ポーランドを統一して、初代の王となる。独特の開かれた地勢ゆえ周辺諸国の侵略を受けるが、巧みな外交で危機を乗り切った。その最たる例がギリシア正教からカトリックへの改宗である。貢納と引き替えにローマ教皇の庇護《ひご》を得て、ドイツのカトリック勢力の侵攻を防いだのだ。そういう駆け引きができないと、ポーランド王は務まらない。

## 「消去法で王に」

**ユーグ・カペー**（九三八?〜九九六　フランス）

カペー朝（フランス）の創始者。といっても、武力で王位に即いたわけではなく、カロリング朝が断絶したとき、選挙で王に選ばれている。そのため、王権は弱く、貴族たちには馬鹿にされていた。パリにはじめて都をおいたが、当時のパリはただの田舎町である。パリとフランスの将来を知ったら、仰天するにちがいない。

# 11世紀

ある民族の大規模な移動は、その後の歴史に重大な影響を及ぼす。ゲルマン民族の大移動が一番有名だが、ノルマン人の移動、中国への鮮卑族の流入、アメリカ大陸への移民など、他にもいくつかの例があげられる。

11世紀で重要なのは、テュルク系民族の西進である。もともと中央アジアの遊牧民族であったかれらは、10世紀ごろに一部がイスラーム教を受け入れた。西進したのは、トゥグリル・ベクがひきいる一団で、いまのイラン・イラクに覇権を築き、セルジューク朝を建設する。トゥグリル・ベクはアッバース朝のカリフの宗教的権威を利用し、スルタンの称号を得て統治した。テュルク系の支配層に、ペルシア系の官僚という構造は、アフガニスタンのガズナ朝とも共通しており、その後のイスラーム世界東方のスタンダードとなる。

また、洋の東西でおこなわれた激しい闘争も注目に値する。中国の宋では、政治改革をめぐって、王安石《おうあんせき》ひきいる新法党《しんぽうとう》と司馬光《しばこう》ひきいる旧法党《きゅうほうとう》が熾烈《しれつ》な政争を繰りひろげた。宋朝を二分した論争は、双方のリーダーが没した後もつづき、宋朝滅亡の原因のひとつとなる。

ヨーロッパでは、叙任権《じょにんけん》闘争と呼ばれる神聖ローマ皇帝とローマ教皇の対立が起こった。聖職者の任免権をめぐる争いは、皇帝ハインリヒ四世の謝罪（カノッサの屈辱）で終わったかに思われたが、ハインリヒはその後、教皇を廃位するなどの反撃に出ている。結局、両者の妥協で決着がついたこの争いは、皇帝が統治する俗界と、教皇が支配する聖界の分離をうながし、後の政教分離につながった。

**バシレイオス二世**（九五八頃〜一〇二五　ビザンツ帝国）

# 「恐怖の専制君主」

ビザンツ皇帝。徹底した専制をおこない、法によらずして内政、軍事をとりしきった。残虐な性格で、ブルガリアを破った戦いでは、一万を超える捕虜の両目をつぶし、百人に一人は片目を残して道案内とし、国へ帰らせたという。内政では、貧しい農民が滞納した税を近くに住む貴族に肩代わりさせるなど、富裕層を弾圧して貧民を保護した。派手な儀式や芸術は嫌いで、興味は帝国を拡大させることだけだった。外征を繰りかえして領土を広げ、貯めこんだ金は倉庫からあふれた。ビザンツ帝国は威勢を取り戻したが、都の雰囲気はぴりぴりとしていたことだろう。バシレイオスは皇帝業に熱心なあまり結婚すらしなかった。死後、当然ながら、国は乱れる。

**フェルドウシー**（九四〇頃～一〇二〇？　ガズナ朝）

# 「三十年かけた大作」

イランの国民的詩人。神話時代からササン朝までを描いた壮大な叙事詩《じょじし》『シャー・ナーメ』を著した。この大作はガズナ朝のマフムードに献呈《けんてい》されたが、マフムードはその価値を認めなかった。マフムードは後に思い直し、多額の報酬を贈ったが、すでにフェルドウシーは亡くなっていた。悲劇だが、詩人らしい最期ではある。

**ボレスワフ一世**（九六六／七～一〇二五　ポーランド）

# 「ポーランドの勇《ゆう》敢《かん》王《おう》」

ミェシュコ一世の子。父と同じく外交も得意だったが、父以上に果敢な性格で、強力な騎兵を各地に送って領土を広げた。四方に開けているということは、どこからも攻撃を受けるのでなく、どこでも攻撃できるのだ、と大胆な発想の転換をおこなった。勇敢王と名付けられるのも納得だ。ビザンツやイスラームから、先進的な文化も導入している。

紫式部《むらさきしきぶ》（十世紀後半〜十一世紀前半　平安時代）

# 「才女は私だけでいいの！」

『源氏物語《げんじものがたり》』は、古代中世においては珍しく長さと完成度を備えた小説で、しかも女性の手になるということで、世界的にも評価が高い。しかし、作者については、会ったこともない先輩の清少納言《せいしょうなごん》を口汚くののしっていることから、あまり友達になりたくない性格であったと思われる。いや、本書の筆者よりはましだろうが。

マフムード（九七一〜一〇三〇　ガズナ朝）

# 「戦争と文学が大好き」

アフガニスタンのガズナを都とするガズナ朝の最盛期をもたらした君主。サーマーン朝を滅ぼし、北インドに遠征を繰りかえして版図を拡大した。自身は戦いに明け暮れながらも、都では文芸を保護したため、ペルシア語文学が栄えた。ガズナ朝は支配者と軍隊はテュルク系だが、官僚はイラン系が多く、ペルシア語が公用語だったのである。

## 「万能の天才」

**イブン・スィーナー**（九八〇〜一〇三七　サーマーン朝）

中央アジア生まれの哲学者、医学者。早熟の天才で、十代にしてほとんどの学問を修め、イスラーム世界を放浪しながら著作に励んだ。『医学典範《いがくてんぱん》』は古代ギリシアとイスラーム世界の医術を記した書物で、ヨーロッパに伝わって教科書として用いられた。古代ギリシアの知識はイスラーム世界を通じてヨーロッパにもたらされたのだ。

**ラージェンドラ一世**（？〜一〇四四　チョーラ朝）

# 「波《は》濤《とう》を越えて」

南インドに覇を唱え、チョーラ朝の全盛期を築いた王。すぐ側のセイロン島のみならず、ベンガル湾を渡って船団を送り、シュリーヴィジャヤ朝を破って東南アジアにも侵出した。中国の宋にも使者を送っている。インドと東南アジアの距離は日本人の認識外にあるので、一度地図を見てみるとおもしろいだろう。

**トゥグリル・ベク**（九九〇〜一〇六三　セルジューク朝）

# 「セルジューク族の鷹」

セルジューク朝の建国者。中央アジアからテュルク系の部族をひきいて西進し、ガズナ朝、ブワイフ朝を倒して、イスラーム世界東方に覇を唱えた。アッバース朝カリフに対しては礼をつくし、その宗教的権威のもとで、世俗の権力を手にする策をとっている。このあたり、ただの武《ぶ》辺者《へんしゃ》ではない。ちなみに、「トゥグリル」は鷹という意味、二代目の「アルスラン」は獅子という意味で、セルジューク族の趣味がうかがえる。

## 「小国だが戦は強い」

**李元昊**《りげんこう》（一〇〇四～一〇四八　西夏《せいか》）

チベット系タングート族の族長で、現在の中国北西部に西夏を興した。中国的な国家制度を整え、西夏文字という独自の文字を作らせている。西夏は宋には何度も勝利し、有利な和睦《わぼく》を結んで歳幣《さいへい》を受けとっており、これが国家の重要な収入源であった。李元昊は知勇に秀でた英雄だったが、晩年は酒で心身を病み、息子に殺されてしまう。酔っぱらっていては、あの難解な西夏文字は書けまい。

## 「暗殺の犯人は？」

**ニザーム・アルムルク**（一〇一八～一〇九二　セルジューク朝）

セルジューク朝のペルシア人宰相で、マリク・シャーに仕えて諸制度を整え、王朝の最盛期をもたらした。とくに教育を重視し、ニザーミーヤ学院と称する学校を各地に造らせている。三十年にわたって権力を維持していたが、最後は暗殺によって非業《ひごう》の死をとげた。対立するイスマーイール派（暗殺教団）の仕業との説もあったが、真犯人はマリク・シャーの妃《ひ》である。後継者選定にあたって、恨みを買ったせいだった。名宰相もさすがに年をとって、判断力や警戒心がにぶっていたのだろう。

## 「破壊の元《げん》凶《きょう》」

**ウルバヌス二世**（一〇四二頃〜一〇九九　ローマ教皇）

フランス出身のローマ教皇。聖職売買の禁止、聖職者の妻帯《さいたい》禁止などの改革をおこない、諸王に対して強気に出て、教皇権の強化に努めた。演説や外交交渉が得意で、他者をしたがわせる手腕を持っていたが、それが最大限に発揮されたのが、十字軍の派遣を呼びかける演説である。異教徒への聖戦を訴えながら、金銭欲と名誉欲もくすぐる演説に乗せられて、無数の人々が破壊と略奪のために旅立ったのだ。

王安石《おうあんせき》（一〇二一〜一〇八六　中国・宋）

# 「既得権益の壁に挑む」

宋代に「新法」と呼ばれる政治改革に取り組み、一定の成果をあげたが、守旧派の反撃にあって失脚した。この改革は、大商人や地主の権利を制限して、中小の商人や農民を保護し、歳入の増大をはかるものである。いつでもどこでも、特権階級の特権を奪う改革を実行するのはきわめて難しい。政治にたずさわる者じたいが特権階級である場合はとくに。

司馬光《しばこう》（一〇一九〜一〇八六　中国・宋）

# 「保守派の巨頭」

王安石の新法に反対した旧法党のリーダー。名家に生まれ、幼いころから神童として知られ、当然のように科挙に合格して官界に入る。厳格な性格で保守的な思想をもち、王安石の改革を非難しつづけた。左遷されている間に編纂した歴史書『資治通鑑《しじつがん》』は中国には珍しい編年体の歴史書で、彼の性格そのままに、精密な考証をおこなった書物である。作家にとっては、非常にありがたい。感謝、感謝である。

**ハインリヒ四世**（一〇五〇～一一〇六　神聖ローマ帝国）

# 「屈辱だけじゃない」

神聖ローマ皇帝。教皇と喧嘩して破門され、土下座して謝った（比喩《ひゆ》です）カノッサの屈辱で有名だが、教皇に負けっぱなしだったわけではなく、その後は互角以上に渡りあった。しかし、最後は、教皇に懐柔《かいじゅう》された息子に反乱を起こされて玉座を追われる。後ろから刺されてしまったのである。結局、不憫《ふびん》な人生であった。

# 12世紀

12世紀といえば、十字軍である。

前世紀の末、ビザンツ皇帝からの援軍要請に、ローマ教皇ウルバヌス二世が応えるかたちで、十字軍が始まった。第1回のそれは、イスラーム諸国の準備不足に乗じて、見事にエルサレムを征服する。エルサレムの周辺には、十字軍が建てた国が分立する状況になった。

これに対するムスリム側の反撃は、アイユーブ朝の建国者たるサラーフ・アッディーンによってなされる。サラーフ・アッディーンはエルサレムを奪還し、リチャード一世らがひきいる第3回十字軍と戦って聖地を死守した。

十字軍はこの後もつづき、破壊と略奪によって、エルサレム周辺とそこまでの道程に深い傷跡を残すことになる。

中国では北宋が滅び、女真族《じょしんぞく》の金《きん》朝と江南《こうなん》に逃れた南宋《なんそう》が、淮河《わいが》をはさんでにらみ合う状況となった。南宋では対金政策をめぐって議論が起こったが、和平派が勝利して、多額の貢納と引き替えに和約が結ばれた。北宋滅亡に先だって、契丹族《きったんぞく》の遼《りょう》も滅んでいる。遼の皇族だった耶律大石《やりつたいせき》は、西へ逃れて西遼《せいりょう》を建て、セルジューク朝を破って、中央アジアに覇権を築いた。

日本では、長くつづいた貴族社会が崩壊し、武家の時代が到来する。最初に政権を握ったのは平氏《へいし》であったが、源氏《げんじ》が 源 義経《みなもとのよしつね》の活躍で平氏を滅ぼし、棟梁《とうりょう》の頼朝《よりとも》が鎌倉幕府を開いた。

**ウマル・ハイヤーム**（一〇四八頃～一一三一／三二　セルジューク朝）

# 「酒を友として」

おそらく世界でもっとも有名なペルシア詩人。その四行詩（『ルバイヤート』）は信仰と離れた無常観で、後世の人々を虜《とりこ》にしている。イスラーム教徒でありながら、酒を詠《うた》った詩も多い。詩が評価されたのは死後のことで、在世中は学者としてセルジューク朝に仕えていた。数学・天文学が専門で、彼が中心となってつくった太陽暦は、現在使われているグレゴリオ暦（十六世紀）よりも精密であった。その数学的知識が、独特の無常観を生んだのだろう。数学は究《きわ》めると哲学になる。

**ハサン・サッバーフ**（?～一一二四　ニザール派）

# 「山の長老」

シーア派のなかのイスマーイール派のなかのニザール派の祖。わかりやすく言うと、暗殺教団を開いた人。岩山の要塞《ようさい》を本拠として、厳格な戒律で信徒を統率し、暗殺を用いて戦った。その厳しさたるや、戒律を破った息子を殺したほどである。ちなみに、アサシンの語源はハシーシュ（大麻）だが、麻薬を使って暗殺者を養成していたというのは伝説だ。麻薬中毒者は殺人はできても暗殺はできまい。

## 『水滸《すいこ》伝《でん》』の皇帝」

**徽《き》宗《そう》**（一〇八二～一一三五　中国・宋）

悪政で北宋を滅亡に追いやった皇帝。ただ、君主としては無能でも、芸術家としては当代一の才能を有していた。画家としての名声は史上に燦然《さんぜん》と輝いている。一介の絵師だったらみんな幸せだったのに。

**アベラール**（一〇七九～一一四二　フランス）

## 「年の差は二十以上」

フランスの哲学者。高名な学者だったが、教え子のエロイーズと恋愛関係になってスキヤンダルを起こす。代表作『アベラールとエロイーズ 愛の往復書簡』。学者としては時代の先端を行く天才だったが、若くて聡明で美しい弟子の前では理性をなくしたのだった。

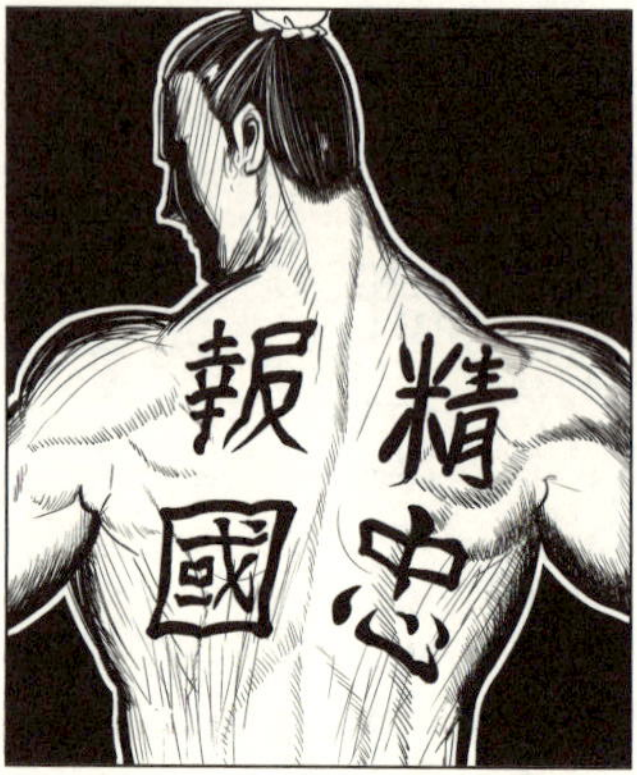


## 「モットーは精《せい》忠《ちゅう》報《ほう》国《こく》」

**岳《がく》飛《ひ》**（一一〇三〜一一四二　中国・南宋《なんそう》）

南宋の武将。金朝と戦って戦功をあげるも、軍閥の拡大を怖れる朝廷に謀殺された。当時の南宋では、金との主戦派と和平派が争っていたが、民心は岳飛をはじめとする主戦派にあった。この点、誤解しやすいので注意。岳飛は演義物の主人公としても有名で、中国では一番人気のある英雄である。

**耶律大石**《やりつたいせき》（一〇八七～一一四三　西遼《せいりょう》）

# 「不屈の虎」

遼の皇族で、契丹人《きったんじん》には珍しい科挙合格者。金と宋に攻められて滅亡寸前の遼をひとりで支え、皇帝が逃げだした後も別の皇帝を立てて抵抗をつづけた。やがて金に捕らえられるが逃亡し、モンゴル高原で自立、さらに西進して西遼（カラ・キタイ）を建国した。その後、現在のクルグズを本拠に、カラ・ハン朝を滅ぼし、セルジューク朝軍を破って、威勢をふるっている。金に対する征旅《せいりょ》の途中で病死。不屈の心を持った名将であった。

**アンナ・コムネナ**（一〇八三～一一五三／五四頃　ビザンツ帝国）

# 「ペンを持った皇女」

ビザンツ帝国といえば、危機と再建をしょっちゅう繰りかえしているが、アンナは再建のほうを担った皇帝の娘で、父の伝記を著した。つまり、皇女でありながら歴史家なのだ。執筆の動機は偉大な父を讃えることだが、叙述は客観的で高い教養を感じさせる。こういう人が出てくるから、ビザンツ史はおもしろい。

# 「チンギス・カンじゃない」

**源 義経**《みなもとのよしつね》（一一五九～一一八九　平安時代）

平家の追討戦で活躍するも、兄頼朝《よりとも》と対立して攻め滅ぼされる。判官《ほうがん》びいきの判官はこの義経で、後世、さまざまな伝説がつくられた。美男子にされたのは、弁慶《べんけい》との対比をきわだたせるためでもある。ちなみに、兄弟の相剋《そうこく》というと、日本では兄が勝つことが多いが、中国では弟が勝つのが目立つ。

**フリードリヒ一世**（一一二五頃～一一九〇　神聖ローマ帝国）

## 「赤髯《あかひげ》」

ドイツ王にして神聖ローマ皇帝。通称バルバロッサ。内政、外交で功をあげ、外征ではたびたびイタリア遠征をおこなった。まずまず有能な王であったが、最期が情けない。第三回十字軍の総大将としてエルサレムに向かう途中、川で行水《ぎょうずい》していて溺死《できし》したのである。その死を信じられない民衆によって伝説化され、彼は不死の英雄となった。

**サラーフ・アッディーン**（一一三八〜一一九三　アイユーブ朝）

## 「イスラームが教えた騎士道精神」

通称サラディン。クルド出身で、エジプトとシリアを支配したアイユーブ朝の建国者。十字軍と戦い、聖地エルサレムを奪還した。その軍事的才能もさることながら、公正と寛容の精神で十字軍に対応したことにより、世界中で英雄視されている。捕虜を解放したのは、むろんヒューマニズムからではなく、それが約束であり、またムハンマドの教えだったからである。ただ、十字軍には敵との約束を守るという価値観がなかった。当たり前のことをして褒められるのだから、ひどい時代である。しかし、サラディンのような君主像が伝わり、讃えられたことで、ヨーロッパは「名君」の概念を思い出し、徐々に変わっていく。

# 「英語を話せないイングランド王」

**リチャード一世**（一一五七～一一九九　イングランド）

イングランドの獅子心王《ししししんおう》。十字軍に参加したのをはじめ、治世のほとんどを戦地で過ごした。莫大な戦費や捕虜となったための身代金を捻出《ねんしゅつ》するため、重税を課し、売れる物は何でも売ったが、十字軍効果で人気は高かった。戦争においては意外にリアリストで、サラディンとの戦闘と和睦は、指揮官としての有能さを示している。しかし、フランスで育ったために英語は話せず、イングランドに滞在したのはわずか半年。王

も元気で留守がいいのか。

## 「窓際族希望」

**朱《しゅ》熹《き》**〔朱子《しゅし》〕（一一三〇～一二〇〇　中国・南宋）

儒教を体系化して朱子学を生み出した。朱子学は難しいが、国家や君主にとって都合のいい学問と覚えればよい。朱熹は科挙官僚だったが、仕事を嫌い、名目上の職について学問に没頭することを望んだ。身勝手な男である。学説と行動は必ずしも一致しないものなのだ。

# 13世紀

モンゴル帝国の成立から、世界史がはじまる。

チンギス・カンは草原の遊牧民をまとめあげると、東方の金朝や西夏《せいか》、西方の西遼やホラズム・シャー朝に侵攻して、領土を拡張した。征服活動はその死後もつづき、南宋を滅ぼしたクビライの頃には、モンゴルは空前の大帝国に成長した。チンギスの子孫たちは各地でほぼ独立していたが、クビライの権威のもとでゆるやかな結びつきを保っており、陸海に交通網がはりめぐらされて、ユーラシアははじめてひとつの世界となった。東西の時間的距離が狭まり、外交が密になって、政治経済が相互に影響するようになる。カルピニ、ソーマ、マルコ・ポーロなど、広く世界を旅する人物も現れた。この状況をパクス・モンゴリカという。

モンゴル帝国は周辺にも影響を及ぼしており、日本や東南アジアでは、侵略に対する抵抗を通じて、民族意識が醸成されていく。

13世紀ではもうひとつ、イスラーム世界のマムルーク（奴隷軍人）にも触れておかねばならない。マムルークは奴隷を解放して軍人としての教育を施《ほどこ》したものだ。身寄りがないため、主人に忠誠を誓う彼らは、団結と統制を武器に、精強な部隊となる。やがて、マムルーク軍団は君主の側近として権力を持ち、独自の王朝を建てるにいたった。その典型的な例がエジプトのマムルーク朝であり、英主バイバルスのもとで繁栄する。アイバクによって建てられたインドのマムルーク朝は、奴隷王朝と呼ばれることが多い。

なおつづく十字軍は、第4回の遠征軍が味方のはずのコンスタンティノープルを占領するなど迷走していたが、1270年の第8回が最後の試みとなる。200年にわたる戦いは、西欧と東欧、イスラーム世界にそれぞれ不信と不寛容の種を蒔《ま》く結果となった。

**アイバク**（?～一二一〇　奴隷王朝）

# 「奴隷出身の王」

奴隷王朝（インド）の建国者。テュルク系キプチャク族出身で、マムルークとしてゴール朝（アフガニスタン）に仕えていた。北インドを征服したところで、ゴール朝君主が暗殺されたので独立、インド初のイスラーム王朝を開く。しかし、いくら元奴隷だからといって、奴隷王朝という安直な呼び方はどうだろうか。インパクトはあるけれど。

**ジョン**（一一六七～一二一六　イングランド）

# 「マグナ・カルタを生んだ欠地《けっち》王《おう》」

イングランド王。「欠地王」は相続する領土がなかったことからついたあだ名だが、能力と人望がなく、国王になってから多くの領土を失ったため、「失地《しっち》王《おう》」だとか「欠知《けっち》王《おう》」だとか、ひどい言われようである。財政が逼迫《ひっぱく》したのは先代のリチャードのせいだし、ジョンが暗愚だったおかげで、王権を制限するマグナ・カルタ（大憲章）が生まれたというのに。

**ジャヤヴァルマン七世**（?～一二二〇頃　カンボジア・アンコール朝）

# 「アンコール朝の光と闇」

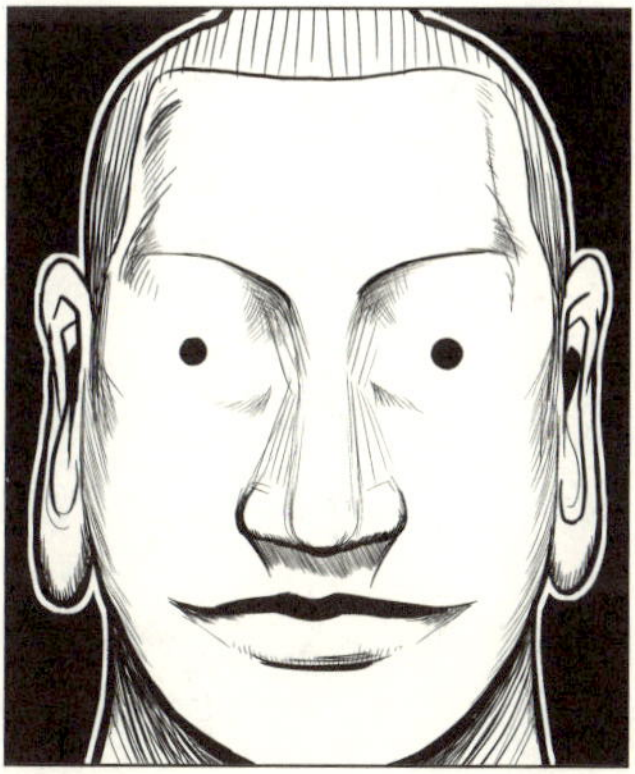

アンコール朝（カンボジア）の最盛期をもたらした王。武勇にすぐれ、チャンパ国を併合して支配下においた。内政にも手腕を発揮したが、やがて仏教に傾倒し、寺院を造るために重税を課して、民に恨まれた。世界遺産の都城《とじょう》遺跡アンコール・トムを築いたのもこの王である。王が宗教と建築にはまると、あっというまに国は衰退してしまう。

**北条《ほうじょう》　政子《まさこ》**（一一五七～一二二五　鎌倉時代）

# 「尼《あま》将《しょう》軍《ぐん》」

源頼朝の妻。鎌倉時代で後世に名を残した女性というと、ほぼ政子ひとりだが、そのひとりがとてつもなくパワフルだ。鎌倉幕府崩壊の危機を救い、執権《しっけん》政治への道を開いたのは、政子の功である。しかし、息子を捨てて実家をとったというところが、何かもやもやさせる。息子を優先させることが多い日本の烈女《れつじょ》のなかでは、珍しく大陸的であるといえようか。

**チンギス・カン**（一一六二／六七〜一二二七　モンゴル帝国）

# 「源義経じゃない」

言わずと知れた草原の英雄。成功の要因は多々あるが、鷹揚《おうよう》さからくるカリスマ性もそのひとつ。戦に負けたのに、敵が降伏してくることさえあった（それだけ敵将もひどかったのだが）。なにしろ、敵に捕らわれて妊娠した妻が産んだ長男を、屈託《くったく》なく「俺の子だ」と言う男である。いまだ無名のころから、スケールが大きかった。

**耶律楚材《やりつそざい》**（一一九〇〜一二四四　モンゴル帝国）

## 「嘘・大げさ・まぎらわしい」

モンゴルの書記をつとめた契丹人。宰相だったとか、チンギス・カンの側近だったとか、二代目カンの即位に尽力したとかいう伝承があるが、その根拠は自身や息子の発言であって、他の系統の史料にはなく、史実とはいえない。自分の功績や地位を大げさに主張する性格のせいで、本当の実績まで否定されそうである。人並みはずれた虚栄心さえなければ、もっと評価されていたかもしれないと思うと残念だ。

### プラノ・カルピニ（一一八二頃〜一二五二　イタリア）

## 「モンゴルに行ったヨーロッパ人」

イタリア人修道士。本名はジョバンニ。ローマ教皇の命令でモンゴル帝国に赴《おもむ》き、旅行記を著した。三代目カンの即位式に、ヨーロッパからの使者として参列している。遊牧民の案内で草原を駆ける旅をこなすとは、さすが修道士、かなりタフである。

**フリードリヒ二世**（一一九四〜一二五〇　神聖ローマ帝国）

# 「玉座の上の最初の近代人」

シチリア王兼神聖ローマ皇帝。キリスト教徒とイスラーム教徒が共存するシチリア島で育ったため、アラビア語を解し、異文化を理解する皇帝だった。教皇からしつこく十字軍遠征を命じられて、仕方なく立ちあがったが、敵であるマムルーク朝のスルタンとは文通友達である。二人はアラビア語書簡で交渉をおこない、エルサレムを十年間フリードリヒに譲ることで休戦条約を結んだ。しかし、この妥協は教皇に激しく非難され、フリードリヒは教皇派との抗争の最中に病死する。自然科学への造詣《ぞうけい》の深さや合理主義で知られる近代的な王は、少し生まれるのが早すぎたのかもしれない。

**シャジャル・アッ・ドゥッル**（?〜一二五七　マムルーク朝）

## 「在位三カ月の女性スルタン」

マムルーク朝初代のスルタン。もとはハーレムの女奴隷である。数奇な運命は、十字軍との戦争中に、スルタンたる夫が急死したことからはじまる。シャジャルは夫の名で命令を出して、ルイ九世ひきいる十字軍を撃退し、マムルーク軍団の支持を得た。その後、継子と争って、みずからスルタン位に即く。三カ月の在位中、謀略と政治の才を見せたが、女性であることが不利に働いたため、有能なマムルークを夫に迎えてスルタン位を譲った。しかし、内紛はつづき、夫が暗殺されると、その黒幕とみなされて殺されてしまう。夫とは対立しており、嫉妬《しっと》もからんで暗殺の動機はあった。真相は闇の中である。

**ルイ九世**（一二一四～一二七〇　フランス）

## 「十字軍にさえ関わらなければ……」

フランス王。反乱を鎮圧し、イングランド王との戦いにも勝ち、公正な統治で領内に平和をもたらした。ところが、熱狂的なカトリックである王は、反対を押し切って十字軍を起こし、見事に負けて捕虜になる。多額の身代金を払って解放され、しばらくはおとなしくしていたが、晩年に「やり残したことがある」と再びチャレンジ。チュニジアを攻めたが、成果をあげられぬまま病死した。これはこれで幸せだったのだろう。

## 「隻《せき》眼《がん》の英雄王」

**バイバルス**（一二二八?～一二七七　マムルーク朝）

テュルク系キプチャク族出身のマムルークで、マムルーク朝第五代のスルタン。実質上の建国者ともいう。モンゴルや十字軍を相手に多大な戦功をあげただけでなく、内政や外交にもすぐれた能力を発揮して、マムルーク朝二百五十年の基礎を固めた。みずからの死後もつづく体制を創りあげたという点では、サラディンやクビライを上回る。その秘訣《ひけつ》は、歴史好きだったことにありそうだ。「歴史に学ぶことは体験に勝る」という言葉を残している。

**クビライ**（一二一五～一二九四　モンゴル帝国）

# 「どれだけ偉大でも叛《そむ》かれる」

モンゴル帝国の五代目カンにして元朝《げんちょう》初代皇帝。南宋を滅ぼして、ユーラシアの陸と海の道を統合し、巨大な経済圏をつくりあげた。帝国の紐帯《ちゅうたい》はゆるやかであったが、その版図は人類史上もっとも広い。広大な帝国を建設し、発展させたのは、クビライの構想力と統率力のなせるわざで、驚嘆するしかないが、実は失策も多い。日本をはじめとする外征の失敗にくわえ、幾度も反乱を起こされている。それでも、帝国は小揺るぎもしなかったのだが。歴史の表舞台に登場するのは三十代後半になってからであり、世界三大晩成英雄の最後のひとりである。

**ソーマ**（一二二〇頃～一二九四　モンゴル帝国）

# 「ユーラシアを股《また》にかけて」

ウイグル人のネストリウス派キリスト教司祭。大都《だいと》（今の北京《ペキン》）生まれで、エルサレム巡礼に旅立って、フレグ・ウルス（イル・ハン国）に落ちつく。その後、使者としてローマやパリを訪れた。バグダッドにて死去。マルコ・ポーロの逆を行った人。

**チャン・フンダオ**〔陳興道《ちんこうどう》〕（一二三二～一三〇〇　ベトナム・陳朝《ちんちょう》）

# 「陳朝の誇り」

「降伏するなら私の首を打ってからにせよ」と啖呵《たんか》を切って、モンゴル軍の侵攻を迎え撃ち、見事に打ち破ったベトナムの英雄。ゲリラ戦や焦土《しょうど》戦術、罠を駆使しての勝利だった。ベトナムがゲリラ戦に有利な地形なのは、昔から変わっていない。

# 14世紀

14世紀は、苦難の世紀であった。地球規模の気候変動で、現在よりも平均気温がかなり低かったこのころ、とくに緯度が高い地方で飢饉《ききん》が頻発した。ヨーロッパでは、ペストが流行し、人口の3分の1が失われている。

こうした環境は王朝の交替を呼ぶ。14世紀前半でパクス・モンゴリカは終焉《しゅうえん》を迎え、中国では朱元璋《しゅげんしょう》が明《みん》を建てて、モンゴルを草原に追いやった。日本では鎌倉幕府が滅ぼされた後、建武《けんむ》の新政《しんせい》を経て室町幕府《むろまちばくふ》が成立し、朝鮮半島は高麗から李朝《りちょう》に替わる。東南アジアでは、ジャワのマジャパヒト王国やタイのスコータイ朝などが盛期を迎え、国境線が徐々に現代に近づいてくる。中央アジアでは、ティムールが現れ、遊牧民と定住民の領域をあわせて、広大な帝国を樹立した。アナトリアに成立したオスマン帝国は、徐々に力をたくわえていく。

イスラーム世界では文化的な発展が著しく、インドからアフリカまで東西に広がるネットワークを背景に、注目すべき著作が生まれた。ラシード・ウッディーンとイブン・ハルドゥーンの著作はとくに歴史的意義が大きい。

ペストの影に怯《おび》えるヨーロッパでは、新たな時代の萌芽《ほうが》が見られる。都市国家が栄えたイタリアは、ルネサンスの先駆とされるダンテやボッカチオを生んだ。ローマ教皇はフィリップ四世によってフランスに移され、権威が失墜《しっつい》する。イングランドとフランスは泥沼の百年戦争に突入するが、これは人々が国家を意識するきっかけのひとつとなる。神と人間、そして国家の関わりが変わりつつあるのだ。

**ラーム・カムヘン**（?～一三一七　タイ・スコータイ朝）

# 「タイの歴史に刻まれた名前」

スコータイ朝の王。マレー半島やカンボジアに領土を広げて、スコータイ朝の最盛期を現出させた。タイ文字を制定するなど、文化面の功績も高い。その治世の様子を刻んだ碑文は一二九二年の銘入りで、ユネスコの「世界の記憶」にも認定されているのだが、何と子供でも読める口語で書かれており、文字の特徴が当時と異なる……え!?

**ラシード・ウッディーン**（一二四九／五〇～一三一八　イル・ハン朝）

# 「三大宗教の歴史が一巻に」

イル・ハン朝の歴史家。ユダヤ系出身のイスラーム教徒。ラシードが編纂した『集史《しゅうし》』は、ペルシア語で記された「世界史」である。第一巻はモンゴル史、第二巻はイスラーム史、イラン史、中国史、ユダヤ史、ヨーロッパ史、インド史から成る。ラシード自身は権力闘争に敗れて処刑されてしまうが、『集史』の写本は各国に贈られ、さらに写されて、世界中に広がった。歴史の共有がはじまったとも言える。

# 「大ほら吹きのマルコ」

**マルコ・ポーロ**（一二五四〜一三二四　ヴェネチア）

ヴェネチアの商人。元朝でクビライの側近として活躍し、当時の見聞を『東方見聞録《とうほうけんぶんろく》』にまとめた。この中で、日本《ジパング》を「黄金の国」と紹介している。『東方見聞録』の記述は正確なところとそうでないところの差が大きく、元側の史料には登場しないため、マルコ自身の旅の詳細や業績には疑問が出されている。が、もともと『東方見聞録』は、マルコがジェノヴァの捕虜になって投獄されていたときに、仲間に話したものである。そんなもの、体験や伝聞を適当につぎはぎして、話を大きくしたに決まっているではないか。

**フィリップ四世**（一二六八〜一三一四　フランス）

# 「フランスにある金はすべて予《よ》ものだ」

フランス最初の議会である三部会《さんぶかい》を招集した王。その理由は、教会に課税して教皇と喧嘩するにあたって、国内の支持を固めるためである。ほかに、金融業を営んでいたテンプル騎士団を滅ぼし、資産を没収するなど、金のためなら神とも戦う王だった。あだ名は端麗王《たんれいおう》、冷たい美貌の持ち主だ。

**ダンテ**（一二六五〜一三二一　フィレンツェ）

# 「ベアトリーチェはふりむかない」

フィレンツェの詩人。代表作『神曲《しんきょく》』はキリスト教文学の最高峰だが、執筆動機がけっこう暗い。人妻になったうえに夭逝《ようせい》した初恋の少女ベアトリーチェへのあこがれと、政争に敗れて故郷から追放された恨みなのだ。ベアトリーチェは主人公＝作者を天界へ導き、政敵は地獄で責め苦を受ける。文学的成功には、はかない恋とコンプレックスが必要だと、後世に印象づけた人物である。……が、ダンテ自身は許嫁《いいなづけ》と結婚して、四人の子に恵まれている。奥さんはどう思っていたのか。

# 「政権をとればいいってもんじゃない」

**後醍醐《ごだいご》天皇**（一二八八〜一三三九　鎌倉時代）

天皇親政をめざして鎌倉幕府を倒そうと試み、何度か失敗した後、足利尊氏《あしかがたかうじ》らの協力を得て倒幕を果たす。数々の陰謀をくわだて、流された先の隠岐《おき》の島から脱出するなど、倒幕への情熱と根性はすさまじい。だが、政権を握ってからの悪政で、新政権は室町幕府に取って代わられることになる。結局、後醍醐天皇は破壊者であって、創造者ではなかった。中国ではよくあるパターンである。

**イブン・バットゥータ**（一三〇四〜一三六八／六九　イスラーム世界）

# 「職業は旅人です」

モロッコ生まれの旅行家。二十一歳でメッカ巡礼に旅立ち、以後、約三十年かけて、アフリカ、中東、中央アジア、インド、東南アジアと、イスラーム世界をくまなくまわった。故郷に帰ってからまとめられた旅行記は、三十年分の記録なので、旅程について記憶違いも見られる。ちゃんとメモしておけ、とも思うのだが、三十年分のメモを背負って旅するのも、想像してみれば大変である。

**マンサ・ムーサ**（?〜一三三七　マリ）

# 「らくだが何頭必要なのか」

マリの国王。西アフリカに栄えたマリ王国は、イスラーム教を受け入れて、十四世紀に最盛期を迎えた。その繁栄の源は金鉱である。砂漠を越えてメッカ巡礼を果たしたマンサ・ムーサは、金をばらまきながら旅をしたため、道中のカイロでは金の価値が暴落したという。イスラーム教では、施しが義務になっているが、いくら何でもやりすぎだろう。

# 「結局は母と同じく……」

## エドワード三世（一三一二～一三七七　イングランド）

イングランド王。母親（フィリップ四世の娘）が愛人と組んで父王を廃したことから、傀儡として即位する。だが、傀儡に甘んじたのは三年だけで、二人を倒して実権を取りかえした。その後、母方の血からフランスの王位を主張し、英仏百年戦争を引きおこす。イングランド軍は戦いを優位に進め、多くの領土を得て和睦した。内政面での評価も高く、治世の前半は確かに名君だったのだが、後半になっておとろえた。外では戦争に勝てなくなり、内では厳しい財政に悩んだあげく、愛人におぼれて政治を乱してしまう。名君でありつづけることは、かくも難しいのだ。

**ガジャ・マダ**（？～一三六四　マジャパヒト王国）

# 「名宰相と女王の仲は？」

マジャパヒト王国（ジャワ島）の宰相。三代の王（ひとりは女王）に仕えて最盛期をもたらした。最初に仕えた王は暗殺されているが、一説によれば、これは後を継いだ女王と結託したガジャ・マダの陰謀だという。そのほうが物語としてはおもしろい。女王の息子が次の王なのだが、その父親は……などと、下世話な想像をしてしまう。ガジャ・マダが名宰相であったことは疑いなく、彼の死後、王国は衰退していく。インドネシアの国民的英雄となった人物である。

**ボッカチオ**（一三一三～一三七五　フィレンツェ）

# 「デカメロン！」

フィレンツェの作家。裕福な商人の私生児として生まれ、イタリア人らしく様々な女性と浮き名を流す。「純愛」や「清楚《せいそ》」とは無縁の恋愛詩も得意だったが、代表作は散文小説の『デカメロン』。人間味あふれる涙と笑いの物語である。だが、人間の欲望を肯定する作風が批判を受けたため、年をとってからはホメロスなどの古典の研究に励《はげ》むようになった。それもまた、人間である。ダンテが心の師匠。

# 「長生きは名君の敵」

**フィールーズ・シャー**（一三〇九〜一三八八　トゥグルク朝）

トゥグルク朝（北インド）の王《スルタン》。先代のムハンマドは、「天才か凶人か」と称された異能の人であった。驚異的な軍事的才能によって、広大なインドをほぼ統一する一方で、遷都や通貨改革、税制改革などの重要政策を思いつきで実行する。政策にはみるべきものがあっても、手順をふんで実現させる意思がなかった。そのせいで国は乱れ、領土もまたたくまに縮小してしまう。後を継いだフィールーズは、まったく正反対であった。内政においては達人で、灌漑や運河の建設で農地を広げ、学校や病院を建てて福祉制度を整え、税を減らして民を豊かにする。戦は苦手で数少ない遠征はすべて失敗したが、経済的繁栄では先代の治世をはるかに上回った。ただ、治世の末期には判断力が衰え、ヒンドゥー教徒への弾圧などで非難されている。王にも定年があれば、本人も民も幸せなのに。

# 「史上最大の成りあがり」

**朱元璋**《しゅげんしょう》（一三二八〜一三九八　中国・明《みん》）

貧農の出身ながら、反乱の一部隊をひきいて活躍し、ライバルを倒して皇帝に昇りつめ、中国を統一した。農民反乱の指導者が皇帝になる例はあるが、そういう王朝はおおむね短命だ。だが、朱元璋の明は二百五十年以上もつづいた。史上に類例のないその事実が、朱元璋のスケールの大きさを示している。かろうじて読み書きができる程度で、文武《ぶんぶ》の教育をほとんど受けていなかった人間が、雄敵を次々と滅ぼし、卓越した政治力を発揮して大帝国の基礎を築くなど、絵空事としか思えない。おまけに、朱元璋は悪相《あくそう》だったのである。いったいいくつハンデがあるというのか。しかし、功臣や知識人の大

粛清をおこなったので、後世の評判はきわめて悪い（反対に、糟糠《そうこう》の妻たる奥さんの評判はすこぶる良い）。ただ、朱元璋自身は、農民の暮らしを安定させるという建国の理念はつらぬいている。成りあがり者が粛清に走るというのは、歴史の悲しい法則のひとつ。きっと、見たくないものをたくさん見てしまうんだろう。

**ティムール**（一三三六〜一四〇五　ティムール朝）

# 「歩けなかった英雄」

貧しい遊牧民の生まれながら、軍事的才能に秀でており、連戦連勝をつづけて、中央アジアと西アジアにまたがるティムール朝を建国した。また、科学技術や経済の重要性も理解しており、都のサマルカンドを文化の発展した壮麗な都市に生まれ変わらせた。勝ちすぎて周辺に敵がいなくなると、明への遠征を試みたが、その途上で死亡。若いころの負傷で足が不自由だったが、馬に乗っているので関係ない。

**イブン・ハルドゥーン**（一三三二〜一四〇六　イスラーム世界）

# 「歴史とは何か」

イスラーム世界最大の学者。歴史とは、文明とは、人間とは、という根源的な問題を考えた歴史哲学者、社会学者、経済学者である。有名な理論をものすごく単純に説明すると、社会は都市と田舎に分かれ、仲間意識があってエネルギーにあふれた田舎者が都市に出て社会を変え、都市民になって堕落し、すると別の田舎者が都会に出てきて……というようなもの。身の回りにもあてはまりそうだ。

# 15世紀

15世紀頃から、世界は華やかになる。前向きな時代の雰囲気と技術の発達がマッチして、東西の文化は鮮やかに彩られた。

ルネサンスは古典回帰、人間性解放を柱とする芸術、学問の革新運動である。15世紀のイタリアで盛んになり、16世紀にかけてヨーロッパ中に広がった。多くの都市国家と教皇領が分立していたイタリアでは、メディチ家のような富豪がパトロンとなって、芸術家を支援していた。

前世紀からつづく英仏百年戦争はジャンヌ・ダルクの活躍などもあって、ようやく終結する。勝敗にかかわらず、大きな損害を受けた両国は、復興の道を歩みだした。南欧のポルトガル、北欧の国々には優れた王が出て、独自性を保ちながら発展をはじめる。15世紀末にはイベリア半島で再征服《レコンキスタ》が達成され、大航海時代に向けて助走に入った。

東欧では、長い歴史を誇るビザンツ帝国がついに滅亡した。滅ぼしたのはメフメト二世がひきいるオスマン帝国軍である。オスマン帝国は攻略したコンスタンティノープル（イスタンブル）を都として華麗に蘇らせ、イスラーム世界に君臨することになる。

中央アジア、イラン、アフガニスタンにまたがるティムール朝もイスラーム教を奉じていた。首都のサマルカンドは、青の都と称される美しい都市だ。

東アジアでは、永楽帝《えいらくてい》がクーデターによって明の皇帝の座につき、鄭和《ていわ》を南海遠征に派遣したほか、モンゴル高原に攻めこむなど、積極的な外交政策を推進した。しかし、その後、明は海禁《かいきん》政策をとり、交易すらも制限するようになる。日本では南北朝が統一され、室町幕府は最盛期を迎えたが、八代義政《よしまさ》の時代、日野富子《ひのとみこ》の暗躍を一因として応仁《おうにん》の乱が勃発、長い戦乱の時代に入る。

**李成桂**《りせいけい》（一三三五～一四〇八　李氏《りし》朝鮮）

# 「明なんかと戦えるか」

朝鮮（李氏朝鮮）の建国者。高麗の武将として、紅巾軍《こうきんぐん》や倭寇《わこう》の討伐に功をあげて台頭する。明遠征を命じられると、途中で引き返してクーデターを起こし、実権を握った。のちに、みずから王位に即いている。中国統一で意気あがる明と戦うよりは、自国の王を倒したほうが簡単だというわけだ。まったくもって賢明な判断であった。

**マルグレーテ一世**（一三五三～一四一二　デンマーク）

# 「北欧のセミラミス」伝説の女王

デンマーク、ノルウェー、スウェーデンの女王。デンマークからまずノルウェーに進出、さらにスウェーデンと戦ってこれを降《くだ》し、北欧三国の同君連合を成立させた。堅実な内政と外交で王権を強化し、国内を安定させている。賢くて強い北欧女性の魁《さきがけ》といえよう。

**足利義満**《あしかがよしみつ》（一三五八〜一四〇八　室町時代）

# 「日本国王」

室町幕府三代将軍。有力大名を滅ぼし、南北朝を合《ごう》一《いっ》させて、将軍権力を固めた。朝廷と幕府、さらに寺社勢力を束ねて頂点に立とうとした姿勢は日本人離れして、オリジナリティにあふれている。経済文化面では、苦労して明との貿易をおこない、絢爛な北山《きたやま》文化を花開かせた。『一休さん』の将軍様だが、小僧の知恵でどうにかできる人物ではない。

**永楽帝**《えいらくてい》（一三六〇〜一四二四　中国・明）

# 「明朝最強の皇帝」

明の皇帝。朱元璋の四男で、クーデターで甥を倒して帝位についた。とかく内向きな明では珍しく外向きの性格で、各地に遠征軍を送り、また鄭和《ていわ》に命じて大航海事業をおこなわせた。そのためか、生まれについてはいくつもの説があって、極端なものでは、元の皇帝の子供だという。生来、病弱だったというが、何度もみずからモンゴル遠征の指揮をとっている。大陸では病弱の定義が違うようだ。

# 「船上の宦《かん》官《がん》」

**鄭《てい》和《わ》**（一三七一〜一四三四　中国・明）

明の永楽帝に仕えた宦官で、大艦隊をひきいて東南アジア、インド等へ七度の遠征をおこなった。分艦隊はメッカや東アフリカにも到達している。統率力と人徳においては、宦官のなかで一、二を争うだろう。ちなみに、鄭和が持ち帰ったもののなかで一番大きいのは、キリンである。ほかにシマウマ、ライオン、豹なども買い求めている。ほとんど動物園船団だ。

**ジャンヌ・ダルク**（一四一二／一二～一四三一　フランス）

# 「火あぶりにされた聖女」

神の声にしたがって、劣勢の王太子《おうたいし》を助け、百年戦争をフランスの勝利に導いた少女。しかし、その後は政争に巻きこまれ、異端審問《いたんしんもん》を受けるはめになる。神の声が錯覚だと認めれば許されたのだが、彼女は主張を曲げず、火あぶりに処された。まるで小説のような生涯だが、実話である。この神の声がなければ、フランスはイギリスの一部だったかもしれない。

**ジョアン一世**（一三五七～一四三三　ポルトガル）

# 「スペインの一部じゃない」

ポルトガルの英主。カスティリャ王国の侵略を撃退して、ポルトガルの独立を守った。大王と称されるほど功績を残しているのだが、知名度では息子のエンリケ航海王子にはるかに劣る。ポルトガルが海外進出できたのは、お父さんのおかげなのだ。

## 尚巴志《しょうはし》（一三七二〜一四三九　琉球《りゅうきゅう》）

# 「那覇《なは》港から世界へ」

初めて沖縄を統一し、琉球王国を建てた王。首里《しゅり》に都をおいて城郭《じょうかく》を整備している。分権的だったため、政権は安定しなかったが、明と日本だけでなく、東南アジアにも使者を送って、外交につとめ、交易国家の基礎を築いた。ちなみに、琉球の正史では、王朝の始祖は伊豆諸島で暴れまわった源為朝《みなもとのためとも》である。

## シャー・ルフ（一三七七〜一四四七　ティムール朝）

# 「父以上の名君」

ティムール朝は遊牧国家の性格を持っており、一代の英雄の死後は四散すると思われていた。事実、そうなりかけたのだが、ティムールの四男シャー・ルフが内乱を制し、帝国を再統一した。シャー・ルフは明やオスマン朝と友好関係を結んで通商をうながし、学芸を保護して、領内を安定させる。戦乱の後に平和をもたらした名君である。

**エセン・ハン**（?～一四五四　オイラート）

# 「皇帝を捕らえたのに」

モンゴル系オイラート部の君主。明に侵攻して皇帝親率の大軍に完勝し、皇帝を捕虜にした（土《ど》木《ぼく》の変）。エセンは身代金を要求したが、明の朝廷はこれを拒否し、代わりの皇帝を立てる。あてがはずれたエセンは北京を攻めたが、簡単には落ちない。身代金はあきらめて帰らざるをえなかった。中国の皇帝が野戦で捕虜になったのは、これが最初で最後である。なのに、勝者には何の益もなかったのであった。

**グーテンベルク、ヨハネス**（一三九八頃〜一四六八頃　ドイツ）

## 「先駆者は苦労する」

ドイツの金属加工職人で、ヨーロッパではじめて活《かっ》版《ぱん》印刷をおこなった人。彼の発明のおかげで大量に書物が出回り、知識や情報の伝播《でんぱ》に革命的な変化が生じた。ルネサンスや宗教改革、さらには産業革命、市民革命へと、その影響は大きい。ただ、グーテンベルク自身は事業に失敗し、不遇な人生を送った。これもまたよくあるパターンである。

**メフメト二世**（一四三二〜一四八一　オスマン帝国）

## 「目標はカエサル」

オスマン帝国の征服王。コンスタンティノープルを攻略してビザンツ帝国を滅ぼすなど、版図を広げるとともに、法体系や行政組織を整備して、国家制度を固めた。コンスタンティノープル攻略の際、艦隊に山を越えさせた大胆な作戦は、まぎれもない史実である。性格は冷徹で、敵対する者には容赦しなかったが、コンスタンティノープルを国際都市として復興させたように、政治力もきわめて高かった。征服王のふたつ名がふさわしい皇帝である。

# 「日本が誇る悪女」

**日野《ひの》富子《とみこ》**（一四四〇～一四九六　室町時代）

室町幕府八代将軍義政の正室《せいしつ》。ライバルを次々と排除し、息子を将軍にして権力を握ろうと試み、応仁の乱の原因をつくった。その戦乱では、両軍に戦費を貸しつけて大もうけし、さらに関所の通行料をとるなどして私腹を肥やしている。どれだけ金を集めても、買えるものにはかぎりがあるだろうに。

**ロレンツォ・デ・メディチ**（一四四九〜一四九二　フィレンツェ）

# 「本当はお金にこまっていた」

大富豪メディチ家の当主で、フィレンツェの事実上の統治者。巧みな外交で諸都市の利害を調整し、イタリアの安定に努めた。より有名なのは芸術家のパトロンとしてであり、ミケランジェロなど多くの才能を見出して援助し、さらに他都市に派遣して文化を広めた。理想的なパトロンだが、実はメディチ家の財政は火の車で、市の公金も使いこんでいたという。お金持ちも大変だ。

**ディアス、バルトロメウ**（一四五〇?〜一五〇〇　ポルトガル）

# 「希望はいずこに」

ポルトガルの航海者。アフリカ南端に到達し（喜《き》望峰《ぼうほう》の発見）、これによってアフリカ周りのインド航路の存在が確認された。その功績は、ヴァスコ・ダ・ガマ（イスラーム教徒に連れて行ってもらった）よりはるかに大きい。そのわりに地味なディアスは、ブラジルを探検した艦隊に同行した後、遭難。未知の海域を踏破した彼をもっと讃えるべきだ。

**イサベル一世**（一四五一～一五〇四　スペイン）

## 「統一スペインの女王」

カスティリヤの王女としてアラゴン王子と結婚、夫婦そろって王になると、両国を合併させてスペイン王となる。イスラームのナスル朝を滅ぼしてレコンキスタを達成した。コロンブスの航海を援助したことでも知られる。熱心なカトリック教徒で、宗教裁判を導入して異教徒を弾圧した。カトリックにとっては英雄だが、それ以外には悪魔。

# 16世紀

16世紀、ヨーロッパ諸国は爆発的に版図を広げた。アフリカ周りのインド航路を開いたポルトガルに対し、スペインは西に向かう。コロンブス以降、多くの探検家が大西洋を渡った。ピサロら征服者《コンキスタドール》は先住民の国を次々と滅ぼし、富を略奪して植民地としたが、このような行為には、ラス・カサスをはじめとする内部からの批判もあった。

ヨーロッパが外に目を向けたのは、オスマン帝国に圧迫されていたからである。セリム一世がエジプトを征服した後、スレイマンのもとで最盛期を迎えたイスラームの雄《ゆう》は、地中海の制海権を握り、ウィーンに迫った。ハプスブルク家は何とかこれを撃退したが、オスマン帝国とその同盟国フランスに挟撃《きょうげき》されて、苦境に立たされる。

もうひとつ、16世紀の重要なトピックは、キリスト教の宗教改革だ。ルターが先鞭《せんべん》をつけた改革の波は西ヨーロッパを二分する新教《プロテスタント》と旧教《カトリック》の対立を引き起こした。さらにイングランドでは、ヘンリー八世がローマ教会から独立し、エリザベス一世が国教会制度を確立させて、国王が教会のトップを兼ねる独自の制度が発展する。

カトリックの内部にも信仰を見直す機運が生じ、その流れから海外布教の動きが出てくる。イエズス会のザビエルが布教に訪れたとき、日本は戦国時代を迎えていた。キリスト教とともに持ちこまれた鉄砲は、天下統一の戦いに重要な役割を果たす。

イスラーム世界の東方では、イランにシーア派の新たな王朝が生まれた。イスマーイール一世が建てたサファヴィー朝である。王朝の成立は連鎖するもので、そのさらに東方では、ティムールの後裔《こうえい》たるバーブルがインドに侵入して、ムガル帝国を建国した。イスラーム世界はいまだヨーロッパに対して優勢を保っているが、16世紀後半から徐々に形勢が変わりはじめる。

# 「世界の嫌われ者」

**コロンブス、クリストファー**（一四五一〜一五〇六　ジェノヴァ）

大西洋を横断して到達した陸地をインドと思いこみ、ネイティブ・アメリカンがインディアンと呼ばれる原因をつくった。名前はイタリア語ならコロンボ、スペイン語ならコロンだが、なぜかラテン語でコロンブスと呼ばれる。どこの国でも嫌われていたからだろうか。アフリカの西にインドがあると思っていたのは、地球の大きさを小さく見積もっていたためで、その原因はアラビア・マイルをイタリア・マイルに変換していなかったからである。たとえて言うと、漢文を読んでいて、「一里」と出てきたから、日本語の「一里」で計算した、みたいなことだ。無謀で無計画でおっちょこちょいで、自分のまちがいを絶対にみとめない。こういう上司を持つと悲惨だ。梅毒《ばいどく》（ようするに性病）をヨーロッパに持ち込んだことでも知られる。本当にはた迷惑な男である。

**ボルジア、チェーザレ**（一四七五～一五〇七　イタリア）

# 「ボルジア家の毒薬」

教皇の庶子《しょし》で、枢機卿《すうきけい》を務めたが、世俗的権力を求めて数々の陰謀をめぐらせ、中部イタリアに覇を唱えた。ハンサムな貴族で性格は冷酷、抜群に頭が切れるうえに、美しい妹との許されぬ愛まであって、多くの小説や漫画でとりあげられ、読者（主に女性）を魅了している。冷静に考えると、単なる毒殺魔であるのだが。

**レオナルド・ダ・ヴィンチ**（一四五二～一五一九　イタリア）

# 「万能の人」

画家、彫刻家、建築家、科学者として有名な万能の天才は、意外に寡作《かさく》である。メモやスケッチは大量に残すが、完璧主義のため、作品がなかなか完成しないのだ。有名な『モナ・リザ』も未完だという。何しろ、人間を正確に描くために解剖してしまう人だから、それは遅筆にもなるだろう。

**セリム一世**（一四六五／六六／七〇～一五二〇　オスマン帝国）

# 「冷酷者」

オスマン帝国皇帝。クーデターで帝位に即くと、東にサファヴィー朝を破り、西にマムルーク朝を滅ぼして、八年の在位で領土を三倍に広げた。オスマン帝国では、反乱を防ぐために皇帝の兄弟を殺す慣例があったが、セリムはそれ以外にも多くの粛清をおこなっている。にもかかわらず、学術的素養も高く、偉大な業績を残しているため、あだ名の「冷酷者」には、冷酷ゆえに有能というプラスの意味も生じた。もっと女性に人気が出てもいい。

**マゼラン、フェルディナンド**（一四八〇?～一五二一　スペイン）

# 「ほとんど漂流」

ポルトガル出身だが、スペインをスポンサーとした航海者。マゼラン海峡を発見し、太平洋を渡って世界周航に成功した船団をひきいた。マゼラン自身はフィリピンで戦死したが、以前にモルッカ諸島に来ているので、世界一周は達成している。コロンブス以上に無茶な航海であり、反乱が幾度も起こったのは当然。フィリピンではいきなり自分を王にしろと命じて、戦闘になった。それは殺されても仕方ない。

**イスマーイール一世**（一四八七〜一五二四　サファヴィー朝）

# 「イランをシーア派の国に」

サファヴィー朝の建国者。シーア派系のサファヴィー教団をひきいて蜂起し、イラン高原を統一した。智勇《ちゆう》に優れたうえに悪魔的な美貌の持ち主で（混血のためか）、自他ともに救世主と信じて疑わなかった。しかし、一五一四年のオスマン帝国との戦いで生涯はじめて敗北を喫すると、すっかりやる気を失い、遊興にふけるようになる。何とも打たれ弱い救世主であった。

**フッガー、ヤコブ**（一四五九〜一五二五　ドイツ）

# 「金貸しが伯爵《はくしゃく》に」

ドイツの大富豪。鉱山経営や高利貸しで財を成すと、王や皇帝にも金を貸し、教皇まで支配下において、ヨーロッパの政治を陰からあやつった。世の中、金を持っている者が強いのだ。ただ、ヤコブは学芸の保護や慈善事業もおこなっており、金の亡者《もうじゃ》ではない。

**マキャベッリ、ニッコロ**（一四六九〜一五二七　イタリア）

# 「ライオンの力とキツネの狡《こう》智《ち》を持て」

目的のためには手段を選ばないマキャベリズムの語源となった政治思想家。彼が権謀術数を勧めるのは、イタリアに強力な統一国家をつくるためであった。自身はフィレンツェで政治に関わっていたが、二度の失脚を経て、失意のうちに世を去っている。夢であったイタリア統一が達成されるのは、それから三百年以上後のことである。

# 「武力も高い」

**王守仁《おうしゅじん》**（一四七二〜一五二八　中国・明）

号は陽明《ようめい》。明朝の官僚、学者で、儒学の一派である陽明学の祖。左遷された先で学問を究めたが、中央政界に戻ってからも活躍。反乱の鎮圧などに功をあげて、南京兵部尚《なんきんへいぶ》書《しょうしょ》に昇進している。朱子とはちがって、実務にも優れていた。知識だけでなく、行動も重視する陽明学を実践している。えらい。

## 「悲劇の才女」

**マリンティン**（一四九六／一五〇四？～一五二九頃　アステカ帝国）

アステカの一首長の娘。継母に追い出されて奴隷にされていたが、スペイン人征服者コルテスに見初められ、通訳を務めた。コルテスが少数の兵力でアステカ帝国を滅ぼせたのは、反帝国勢力をだまして味方につけたからだが、それを可能にしたのがマリンティンの語学の才である。単なる通訳ではない。キリスト教を背景とするスペイン語、土着の神々を信仰する現地語、まったく概念の違う言語間の意思疎通は想像以上に難しいのだ。それをなしとげた代償が故国の滅亡。さらに彼女はコルテスの子供を産んでいる。心情はいかばかりか。

**バーブル**（一四八三〜一五三〇　ムガル帝国）

# 「南へ！」

ティムールの子孫で、中央アジアの一部を支配していたが、ウズベク族に敗れて南へ逃れる。最終的にはインドまで逃げ、そこで現地の王朝を滅ぼしてムガル帝国を建てた。気候の違いを乗りこえて未知の象部隊に勝つのだから、武力と統率力はたいしたものだ。そんなのが逃げてきたのだから、インドにしてみれば、とんだ災難だ。

**ナーナク**（一四六九〜一五三八　インド）

# 「シク教の開祖」

ヒンドゥー教とイスラーム教をあわせたシク教を開いた。一神教と多神教をあわせると は大胆だが、イスラーム教が布教の過程で現地の信仰を取り入れる例は少なくない。歌で 布教したところがいかにもインドっぽい。

**ピサロ、フランシスコ**（一四七六頃〜一五四一　スペイン）

# 「悪名高き征服者」

インカ帝国を滅ぼしたスペイン人。インカの黄金を求めて侵略し、虐殺と略奪をおこなった。インカの征服後、取り分をめぐって仲間割れし、殺した仲間の息子に殺された。悪役らしい最期だった。

**ルター、マルティン**（一四八三〜一五四六　ドイツ）

# 「救済は金では買えない」

ドイツのキリスト教改革者。その主張「聖書の教えにもどれ」というのは、ようするに原理主義である。父親は農民の出身でありながら、事業で成功した人。つまりルターは成金《なりきん》の息子であった。なのにというか、だからというか、農民運動には冷たかった。

# 「ハゲではない」

**ザビエル、フランシスコ**（一五〇六〜一五五二　スペイン）

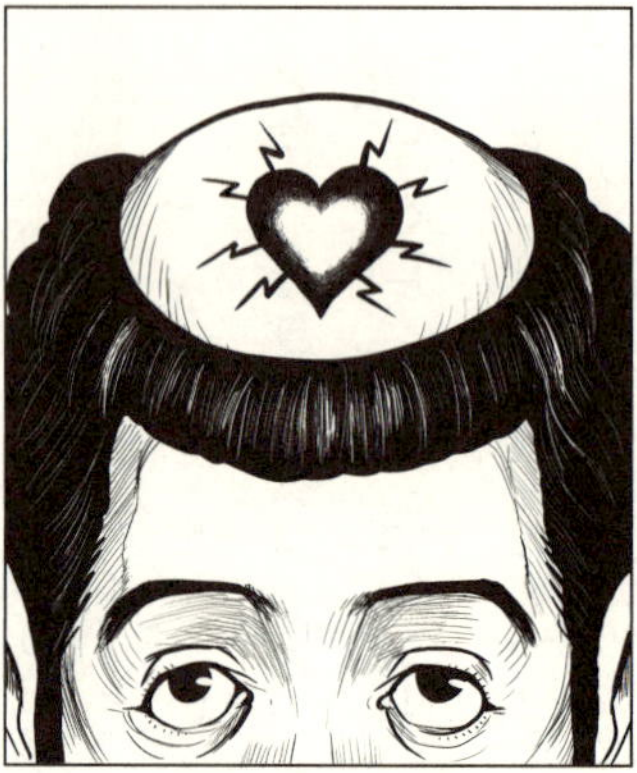

スペイン人宣教師。海外布教を志すイエズス会を設立し、日本に渡航してキリスト教を伝えた。眼鏡をはじめて持ちこんだ人物でもある。ちなみに、あの肖像画は帽子でもハゲでもなく、トンスラというカトリックの剃髪《ていはつ》だ。もしかして、同じ頭剃《そ》り仲間だから武士にも受け入れられたのか。

## 「離婚したくて宗教改革」

**ヘンリー八世**（一四九一～一五四七　イングランド）

イングランド王。離婚を許さないローマ教会から離反して、イギリス国教会を独立せた。国教会の教義は旧教寄りだったが、後に政治的都合により新教側に近づいている。離婚の理由は男児を望んだからだが、何回も繰りかえすうちに、別の理由が出てきたように思われる。いわく「だましたな!?　肖像画では美人だったじゃないか！」。

**カール五世**（一五〇〇～一五五八　神聖ローマ帝国）

## 「ハプスブルク家の栄光と挫折」

政略結婚で根を広げたハプスブルク家の嫡男《ちゃくなん》として生まれ、父方から神聖ローマ皇帝位を、母方からスペイン王位を受けついだ。広大な領土を誇ったが、フランス、ルター派、オスマン帝国と三つの敵に囲まれて疲弊し、晩年は位を譲って修道院に入った。ストレスで胃をやられていたにちがいない。

**ミケランジェロ**（一四七五～一五六四　イタリア）

# 「生涯独身」

『ダヴィデ像』『最後の審判』など、素人にもわかりやすい彫刻や絵画の傑作を多く残した巨匠。しかし、裸体批判から『最後の審判』は腰布を加筆されるはめに。エロって言うほうがエロいんです。

**スレイマン一世**（一四九四～一五六六　オスマン帝国）

# 「壮《そう》麗《れい》者《しゃ》」

オスマン帝国の最盛期をもたらした名君。内では「立法者《りっぽうしゃ》」、ヨーロッパからは「壮麗者」と呼ばれた。ヨーロッパに侵出してハプスブルク家と対立、ウィーンまで後一歩と迫っている。征服戦争の他にも、内政に外交、文化面の貢献も大きい。兄弟のいないスレイマンは、「兄弟殺し」の汚名から逃れられた点でまず幸運であり、父のセリムから強大な火力を持つ軍隊を受け継いだのも幸運であった。また、身分にかかわらず、優れた能力を持つ人材を登用したことも成功の要因である。ただ、晩年は後宮《こうきゅう》に入り浸って奢侈《しゃし》におぼれた。ここでも、名君でありつづけるのは困難であった。

**ラス・カサス**（一四七四〜一五六六　スペイン）

# 「スペインの良心」

スペイン人司祭。スペインの新大陸における残虐行為を批判し、新大陸と本国を往復しながら、先住民の保護につとめた。内部告発をしたのは彼が最初ではないが、もっとも精力的に行動した人である。当時も後世においても、評価の分かれる人物だが、勇気ある告発であったことはまちがいない。

**張居正**《ちょうきょせい》（一五二五〜一五八二　中国・明）

# 「報われなかった中《ちゅう》興《こう》」

明の官僚。幼い皇帝を補佐して独裁的な権力を握り、内政、外交に優れた手腕を発揮して明朝を立て直した。しかし、厳格な性格から敵が多く、死後は弾劾《だんがい》されて一族は流罪《るざい》となる。彼が厳しく育てた皇帝は反動から奢侈に走って、せっかく中興した王朝をまた滅亡へと向かわせた。弾劾された理由は、親の喪中《もちゅう》に仕事をしていたから。働き者は損をする。

**イヴァン四世**（一五三〇〜一五八四　ロシア）

## 「雷《らい》帝《てい》」

初代ツァーリ（ロシア皇帝）。残虐な性格と強引な政策を実行する剛腕ぶりから、雷帝と呼ばれて恐れられた。幼くして大公位に即き、大貴族に操られていたため、彼らを憎み、長じてから粛清をおこなった。敬虔な正教徒で深い教養があったが、血を見るのが好きで処刑や拷問が日課であったという。「イワンの馬鹿」どころではない。

**織《お》田《だ》信長《のぶなが》**（一五三四〜一五八二　戦国時代）

## 「むしろ反面教師か」

尾張《おわり》の戦国大名。天の時と地の利に恵まれて天下統一に近づいたが、その絶頂期に信頼する部下に裏切られて殺された。この点、ビジネスパーソンは絶対に参考にしてはいけない。本能寺《ほんのうじ》以外にも多くの失敗をしているが、だいたい原因は同じで、自分が合理的思考をするものだから、人もそうすると思いこんでいるのである。実際には人間は必ずしも最善の選択をするとはかぎらない。頭がいいと思っている人は注意しよう。

**メアリー・ステュアート**（一五四二〜一五八七　スコットランド）

# 「エリザベスのライバル」

スコットランド女王。生後一週間で即位し、フランスで育つ。新教と旧教の対立、英国王位を巡るエリザベス一世との対立で悪者にされたあげく、最後は刑死した。身勝手、恩知らずなどと言われるが、ちょっと自分と自国の能力が足りなくて、相手が強すぎただけだ。

**ドレーク、フランシス**（一五四三?〜一五九六　イングランド）

# 「根強い海賊《かいぞく》人気」

イングランドの私掠《しりゃく》船長、ようするに海賊。スペインにとっては悪魔。世界中でスペイン船や植民地を襲ったほか、アルマダ海戦では無敵艦隊を破った。ちなみに無敵艦隊は負けてからつけられたあだ名である。しかし、何でこんなに海賊は人気があるのだろうか。山賊ではだめなのか。

**エリザベス一世**（一五三三〜一六〇三　イングランド）

# 「私はイギリスと結婚した」

イングランドの女王。治世がイングランドの興隆期《こうりゅうき》と重なるため、名君のイメージが強い。性格は穏健で消極的、政治は専門家に任せることが多かった。それが結果的に社会の活力を最大限に生かすことにつながったのだろう。生涯独身をつらぬいたため、テューダー王家は彼女で断絶している。その点は国王失格だ。

# 17世紀

17世紀も寒冷の時代、すなわち飢餓と疫病と戦乱の時代である。にもかかわらず、世界史は停滞するどころか、加速度をあげて発展していくようだ。その源となったのが科学の発展で、ベーコン、ガリレイ、ニュートンらによる発見と論証態度は、科学革命といわれる。

17世紀前半のヨーロッパは、三十年戦争と呼ばれる国際紛争に明け暮れていた。新教と旧教の対立を軸に、オーストリア、スペインの両ハプスブルク家とフランス、そして勃興してきたスウェーデンなどが断続的に繰りひろげた戦いは、国土を荒廃させ、人口を激減させた。この経験から、グロティウスは国際法の必要性を説き、戦後、諸国は勢力均衡《きんこう》を狙った体制を築く。

イギリスでは、清教徒《ピューリタン》革命が勃発し、王を処刑してクロムウェルが独裁を布《し》いた。この政権はまもなく倒れ、王政復古《おうせいふっこ》がなされたが、ジェームズ二世の信教問題をきっかけに名誉革命が起こり、議会政治への道が開かれる。

イスラーム世界では、イランのサファヴィー朝が英主シャー・アッバースのもとで最盛期を迎えた。これと対立するオスマン帝国は、ヨーロッパとの二正面作戦を強いられて消耗していく。インドのムガル帝国はデカン高原に領土を拡張したが、多民族、多宗教の支配に悩むことになる。

中国では李自成《りじせい》の乱によって明朝が滅んだ。これに代わったのが、ヌルハチが建国した女真族《じょしんぞく》の清朝《しんちょう》である。清朝は飴《あめ》と鞭《むち》を巧みに使い分けて多数派の漢族《かんぞく》を支配した。

日本では徳川家康《とくがわいえやす》によって江戸幕府が開かれる。参勤交代などの諸制度に支えられた支配体制は、緻密《ちみつ》な計算に基づいており、ある種の美さえ感じさせる。

**徳川家康**《とくがわいえやす》（一五四三〜一六一六　江戸時代）

# 「最後に笑ったたぬき親父《おやじ》」

独創性はなかったが、判断力や政治力が高く、部下にも恵まれて、戦国の世を統一した。最後に勝つのは、得てしてこういうタイプである。もっとも、慎重なイメージのある家康だが、実は何度も窮地におちいり、そのたびに紙一重で生き延びている。天下《てんか》人《びと》に必要なのは、何より運の強さなのかもしれない。性格的にはよく言えば倹約家、悪く言えばケチであり、衣食住について華美を嫌った。その反動か、墓（日光東照宮《にっこうとうしょうぐう》）はやたら派手だ。

**シェークスピア、ウィリアム**（一五六四〜一六一六　イングランド）

# 「作家の考えることはわからない」

イングランドの劇作家。たくさんの作品が残っているにもかかわらず、その生涯については不明な点も多い。最大の謎は夫婦仲である。シェークスピアは、遺言で八歳上の妻に「二番目に良いベッド」だけを遺《のこ》した。悪妻だからベッドだけ？　それとも思い出のベッドを妻に？　後者ならロマンチックだが、真相はいかに。

**ヌルハチ**（一五五九〜一六二六　中国・清《しん》）

# 「ヌではじまるのはひとりだけ」

女真族を束ねて後金《こうきん》を建て（のちの清）、明と戦った。サルフの戦いでは、二倍以上の敵を相手に、機動力を生かした各個撃破で完勝をおさめている。戦史の教科書には必ず載っている基本戦術だ。名将と愚将が戦うと、鮮やかな合戦図が展開される。

**ベーコン、フランシス**（一五六一〜一六二六　イングランド）

# 「知は力なり」

イギリスにはベーコンという有名な哲学者が二人いる。十三世紀のロジャーと十七世紀のフランシスだ。フランシスは恩人を弾劾したり、賄賂をとったり、さらには三十歳以上下の少女と結婚したり、という犯罪的な方である。思想としては、実験や観察を重視する経験論に立つ。鶏《にわとり》を冷凍する実験中に風邪をひいて死亡。間抜けな死に方と笑うなかれ。学者としては、殉《じゅん》死《し》である。

**シャー・アッバース**（一五七一〜一六二九　サファヴィー朝）

# 「世界の半分を支配」

サファヴィー朝の最盛期をもたらした英主。十七歳で即位すると、貴族を排して能力ある奴隷を登用し、崩壊に瀕《ひん》していた王朝を立て直した。内政、軍事、文化、いずれの面にも実績をあげ、新都イスファハンを「世界の半分」と称されるほどの繁栄に導いている。仇敵のオスマン帝国と戦うため、ヨーロッパ諸国と同盟を結んでいた。スケールの大きな遠交近攻策である。

**ルーベンス、ピーテル・パウル**（一五七七〜一六四〇　フランドル）

# 「ネロが見たがっていた」

フランドルの画家。芸術家ながら、政治力と経営力に優れており、工房にたくさんの弟子を抱えて作品を量産、また外交官としても活躍した。画家でなくても成功していたにちがいない。作品の力強いタッチや豊満な女性は、人物から受けるイメージそのままである。

**グロティウス、フーゴー**（一五八三〜一六四五　オランダ）

# 「国際法の父」

オランダの法学者。十一歳で大学に入学した神童で、十五歳でフランス国王に謁見《えっけん》したときは、「オランダの奇跡」と讃えられた。その後、弁護士として国際法の体系化に努める。神童のくせに、二十歳を過ぎてもただの人にはならなかったのだ。

「別に意地っ張りではない」

**ガリレオ・ガリレイ**（一五六四〜一六四二　イタリア）

イタリアの科学者。地動説を唱えて教会から怒られた人。ガリレオに教会を敵にまわす意図はなかったのだが、敵が多かったせいで、罪をでっちあげられて破門された。「それでも地球は動いている」は弟子の創作であろう。「板垣《いたがき》死すとも自由は死せず」みたいなもの。ちなみに、破門が解かれたのは、二十世紀後半であった。

**李自成《りじせい》**（一六〇六〜一六四五　中国・明）

「四十日天下」

農民反乱軍をひきいて北京を攻略し、明朝を滅ぼして順《じゅん》王朝を建てた。しかし、せっかく手に入れた北京を統治することはできず、山海関《さんかいかん》を越えて攻めてきた女真族に敗れ、わずかひと月あまりの天下に終わる。時代が彼に課した役割は破壊であり、創造ではなかった。ちなみに、軍師役の李巌《りがん》は正史に載っているが、清初の小説に登場する架空の人物である。学者もだまされるほど、いかにもありがちな人物造形だったのだ。

## 「我思う、ゆえに我あり」

**デカルト、ルネ**（一五九六〜一六五〇　フランス）

フランスの哲学者、数学者。古代から現代まで、数学と哲学の蜜月はつづいている。真理の探究者たるデカルトは諸国を旅した後、オランダに落ちついたが、クリスティーナ女王（後掲）に招かれてスウェーデンに移住。半年後に風邪をこじらせて死んでしまった。寒いと風邪をひく。風邪は万病のもと。これもまた真理だ。

**クロムウェル、オリヴァー**（一五九九〜一六五八　イングランド）

# 「神の剣」

鉄騎隊《てっきたい》をひきいて清教徒革命を勝利に導き、護国卿《ごこくきょう》の地位に就いて独裁をおこなった。神の正義を実現すべく対立者を排除し、アイルランド侵攻では住民を虐殺するなど剛腕をふるったが、彼の死後まもなく、革命政権は倒れた。後継者に指名した息子が無能だったことも一因である。その点も含めて、独裁者らしい独裁者であった。

**マザラン、ジュール**（一六〇二〜一六六一　フランス）

# 「イタリア生まれのフランス宰相《さいしょう》」

ローマ教皇の外交官だったが、フランス宰相リシュリューに才を認められてフランスに帰化、リシュリューの後を継ぐ。ルイ十四世の摂政母后の信頼を得て、とくに外交面で辣《らつ》腕《わん》をふるい、フランスの地位を高めた。枢機卿として聖職にあったため、結婚はしていないが、ルイ十四世の母后と恋仲だったと噂されている。外国人ゆえに敵は多かったが、それを克服しつつ、フランスの絶対王政を確立させた政治力は比類ない。

**鄭成功**《ていせいこう》（一六二四〜一六六二　中国・明）

# 「日本でも大人気」

日明ハーフの復明《ふくみん》運動家。東シナ海の沿岸部をおさえて交易で力を蓄え、南京《ナンキン》の攻略を狙ったが失敗。清朝の反撃を受けると、台湾のオランダ人を追い出して、この地を拠点とし、抵抗を続けた。志《こころざし》半ばで病死したが、その不屈の精神は清朝にも称賛され、中国、台湾で英雄として尊敬されている。なお、鄭成功をモデルにした近松門左衛門《ちかまつもんざえもん》の『国性爺《こくせんや》合戦《かっせん》』はハッピーエンドに改変されている。物語はこうでないといけない。

**シャー・ジャハーン**（一五九二〜一六六六　ムガル帝国）

# 「ひたすら自分勝手な愛」

ムガル帝国五代皇帝。水準以上の統治能力を有しており、帝国を繁栄に導いたが、軍事遠征や建築に浪費して、財政に負担をかけた。その最たるものがタージ・マハル、三十六歳で世を去った愛妻の墓廟《ぼびょう》である。死んでから愛を表現するくらいなら、生きている間にもっと大切にすればよかったのに。十人以上も子供を産ませ、身重《みおも》なのに遠征に同行させて、あげく産褥《さんじょく》死《し》させるとは、気遣いのかけらもない男だ。

# 「アイヌの悲劇」

**シャクシャイン**（?～一六六九　アイヌ）

アイヌの首長。不利な交易を強要する松前藩《まつまえはん》に対して、アイヌ民族をまとめて戦いを挑んだが、鉄砲隊の前に敗勢となる。最後は偽の和平交渉に誘いだされて謀殺された。倭人《わじん》を信じてはいけないのだった。この戦いの結果、蝦夷地《えぞち》の大部分に江戸幕府の支配が及ぶことになる。

**ラージン、ステンカ**（一六三〇頃〜一六七一　ロシア）

# 「ヴォルガの流れにのって」

コサック軍団や農民をひきいてロシア帝国に叛旗《はんき》をひるがえし、カスピ海西北部を制圧したが、最終的には敗れて処刑された。後に民謡に歌われ、民衆のヒーローとなったが、別に義賊《ぎぞく》ではなく、やったことは単なる略奪と殺戮《さつりく》である。

**ミルトン、ジョン**（一六〇八〜一六七四　イングランド）

# 「口述筆記の大作」

イングランドの詩人。敬虔な清教徒で、革命に参加してクロムウェルの秘書を務めたが、働きすぎて失明。さらに革命は失敗に終わり、失意のなかで代表作『失楽園《しつらくえん》』を著した。これは聖書をモチーフにした叙事詩で、日本の同名の小説とはかなり内容が異なる。ちなみに、ミルトンは貴婦人と称されるほどの秀麗《しゅうれい》な容貌の持ち主だったらしいが、肖像画からはうかがえない。

## 「山海関の謎」

**呉三桂**《ごさんけい》（一六一二〜一六七八　中国・清）

明の武将で、清との国境の山海関を守っていたが、李自成が北京を落とすと、女真族の清に降《くだ》って関を開いた。このおかげで、清は中国を征服できたのである。呉三桂は清朝で王位を得たが、後に反乱に追いこまれて失意のうちに世を去った。なぜ清に降ったかは、今でも議論される歴史上の謎のひとつである。

## 「人間性批判」

**ラ・ロシュフコー**（一六一三〜一六八〇　フランス）

フランスの文明批評家。『箴言集《しんげんしゅう》』は簡潔な言葉で、人間の本性を辛辣《しんらつ》に批評したもの。毒舌家のバイブルである。いわく「吾々《われわれ》はみな、他人の不幸を平気で見ていられるほどには強い」「恋人同士が一緒にいて飽きないのは、自分のことばかり話しているからである」「よい結婚はあっても、楽しい結婚はない」。軽々しく納得すると後が怖そうだ。

**クリスティーナ**（一六二六～一六八九　スウェーデン）

# 「男装の女王」

「北方の獅子」と謳《うた》われたグスタフ・アドルフの娘で、六歳でスウェーデン王に即位、十八歳から親政をはじめて、三十年戦争の終結に貢献した。産業と学術を振興させたが、褒賞《ほうしょう》の与えすぎで財政に負担をかけてもいる。自由主義的な教養を持つがゆえに、理想と現実のギャップに悩み、二十七歳で退位。諸国をめぐった後、ローマに落ちついた。女王であるより、平和を愛するひとりの女性であることを選んだのである。

**ダライ・ラマ五世**（一六一七～一六八二　チベット）

# 「武闘派ダライ・ラマ」

チベットの政治・宗教の最高権力者。モンゴルの支援を得てチベットを統一、ダライ・ラマ政権を樹立した。チベット仏教のトップとしての影響力は周辺諸国に及んでおり、その死が十数年隠されていたほどである。転生《てんせい》するから死んでもいい、というわけではないのだ。

## 「黄《こう》門《もん》様《さま》」

**徳川光圀《とくがわみつくに》**（一六二八～一七〇一　江戸時代）

水戸《みと》藩主。徳川家康の孫に当たる。諸国漫遊はフィクションだが、好奇心の強い性格だったのは事実で、はじめてラーメンを食べるなど、異国の文物を積極的に試した。藩政では、『大日本史《だいにほんし》』編纂など文化事業を盛んにおこなっている。この文化事業、財政を傾かせるほどの規模だったとか。領民にはたまったものではないが、傑出した個性であったことはまちがいない。

**ジェームズ二世**（一六三三～一七〇一　イングランド）

# 「名誉革命の敵役」

イングランド王。イングランドでは嫌われるカトリック教徒であり、国教会制度に反して信教の自由を認めさせようとしたため、議会主導の反乱を起こされ（名誉革命）、フランスに亡命した。名誉革命は何しろ名誉なので、イギリス史に燦然《さんぜん》と輝く偉業である。ゆえに、ジェームズ二世は徹底して悪役にされるわけで、少し気の毒だ。

# 18世紀

18世紀のヨーロッパでは、政治経済に大きな変革が生じた。フランスでは、ルイ十四世に代表される絶対王政に対して、ルソーら啓蒙《けいもう》主義思想家が新しい政治体制を唱え、それに影響されてフランス革命が起こる。しかし、王政を倒した革命勢力は安定した政権を樹立することができなかった。一方、同じ市民革命である独立戦争に勝利したアメリカは、ワシントンの指導のもと、連邦制共和国家として歩み出す。プロイセン、オーストリア、ロシアでは、フリードリヒ二世、マリア・テレジア、エカチェリーナ二世という強力な啓蒙専制君主が現れ、上からの改革で近代化に努めた。

経済面では、イギリスにはじまる産業革命が、世界に大きな影響をもたらそうとしている。工業化によって生産と消費が増大し、社会構造が変化して、現代の姿に近づいていく。それにともなって、アダム・スミスら経済学者は、重商《じゅうしょう》主義に代わる自由放任主義を唱えた。

イギリスの対外政策は、東南アジアからインドに力点が移された。ムガル帝国の弱体化につけこみ、クライブの活躍でフランスとの争いを制して、植民地化を進めていく。イランではサファヴィー朝が滅び、オスマン帝国も沈滞して、イスラーム世界は活力が低下したが、一方でワッハーブ運動など改革の動きも見られた。

東アジアでは、清朝が康熙帝《こうきてい》のもとで飛躍をとげる。雍正帝《ようせいてい》、乾隆帝《けんりゅうてい》とつづいた名君の治世は、未曾有の盛期であると同時に、ヨーロッパの圧力を感じはじめる時期でもあった。

江戸時代中期にあたる日本では、徳川吉宗《とくがわよしむね》の改革が一定の成果をあげて、幕藩《ばくはん》体制がつづくことになる。

**吉良上野介義央**《きらこうずけのすけよしなが》（一六四一～一七〇三　江戸時代）

## 「被害者なのに……」

江戸城内で大名に斬りかかられ、その場は逃れたものの、後に藩ぐるみの襲撃を受けて死亡した。刃傷《にんじょう》事件の被害者なのに、世論の批判を受け、幕府にも見捨てられて殺されてしまったのである。しかも仇討《あだう》ちなんて言われる。被害者なのに。少々がめつくて礼儀にうるさいだけで、領地では名君と慕《した》われていたのに、あんまりな仕打ちではないか。

**ルイ十四世**（一六三八～一七一五　フランス）

## 「太陽王《たいようおう》は臭かった」

「朕《ちん》は国家なり」の言葉で知られ、絶対王政を代表するフランス王。万事に積極的な性格で、重商主義で得た財産を使って戦争を繰りかえした。ヴェルサイユ宮殿を建設したのもルイ十四世である。絢爛豪華な宮廷文化が栄えたが、財政は破綻し、国民の生活は困窮した。国民も悲惨だったが、側近や王妃も悲惨だった。なぜなら、胃腸に病気を抱えていた王はトイレが近く、つねに耐えがたい悪臭を発していたというからだ。フランス貴族はお風呂に入らないから臭い、とかいうレベルではない。

**カール十二世**（一六八二～一七一八　スウェーデン）

# 「北方の流星王《りゅうせいおう》」

スウェーデン王。十五歳で即位すると、侮《あなど》って攻めてきた諸国を撃退し、逆に侵攻して何度も勝利をおさめた。戦争の天才であったが、外交には疎《うと》く、勝利を生かせないまま、戦場にありつづけ、最後は狙撃されて戦死した。生涯独身をつらぬいたのは、暇がなかったのか、それとも興味がなかったのか。

**ピョートル一世**（一六七二～一七二五　ロシア）

# 「北の巨人」

上からの改革でロシアの近代化を推進した皇帝。二メートルを超える巨漢ながら、お忍びで西欧視察団に参加、当然身元はばれたが、みずから造船所で働き、技術を身につけた。親しみやすく思えるが、改革が急進的すぎたため、国内の評判は最低だった。その最期も劇的である。事故にあった兵士を救うために真冬の川に入り、風邪をこじらせて死んだのだ。体型だけでなく、生き方でも強烈な印象を残した皇帝である。

**康熙帝**《こうきてい》（一六五四〜一七二二　中国・清）

# 「名君は後継者に悩む」

清朝四代皇帝で、中国史上最高の名君とも称される。在位六十年、五十年以上にわたる親政の間、内政、軍事、文化すべての面で多大な治績《ちせき》をあげた。唯一の悩みは、後継者問題だったが、雍正帝《ようせいてい》を中継ぎにして、才気《さいき》煥発《かんぱつ》な乾隆帝《けんりゅうてい》に託すという方針は結果的に成功している。しかし、子供が五十人以上もいれば、後継者に悩むのも無理はない。

**スウィフト、ジョナサン**（一六六七～一七四五　イギリス）

# 「ユーモアなき風刺」

アイルランド生まれでイギリスで活躍した作家。代表作は『ガリヴァー旅行記』。人間嫌い、社会憎悪が顕著な作家だが、その理由は政治的挫折であったり、恋愛問題であったり、健康問題であったり、とありふれている。人間嫌いにしては、実に人間的な怒りだ。

**ナーディル・シャー**（一六八八～一七四七　アフシャール朝）

# 「イランの破《は》壊《かい》王《おう》」

サファヴィー朝末期の混乱で台頭し、アフシャール朝を建てた遊牧君主。圧倒的な軍事力でイランを制すると、ムガル帝国を破ってデリーを占領するなど、東西に版図を広げた。残忍な性格で、虐殺や略奪を繰りかえしたが、最後は部下に暗殺されている。その破壊のなかから新しい時代が生まれるわけだが、破壊されたほうはたまったものではない。

「オカルト学者」

**ニュートン、アイザック**（一六四二～一七二七　イギリス）

イギリスの物理学者。万有引力の発見、微積分法《びせきぶんほう》の確立などで有名。リンゴの落ちるのを見て……というのは伝説だが、家からリンゴの木が見えるのは事実である。後半三十年は錬金術《れんきんじゅつ》にはまり、科学的発見から遠ざかった。狂信的なキリスト教徒でもあり、終末論を研究している。ニュートンにとっての物理学は、神の創った法則を解明することだった。

「暴れん坊将軍」

**徳川吉宗《とくがわよしむね》**（一六八四～一七五一　江戸時代）

八代将軍。増税と緊縮財政で幕府を立て直した（享保《きょうほう》の改革）。紀州《きしゅう》藩主の四男として生まれたが、上位者がなぜか次々と死んでいき、あれよあれよというまに将軍にまで昇りつめた。すさまじい権力欲と武断的な政治、というのは失敗のパターンが多いが、数少ない例外である。醜女《しこめ》好きで有名。

**ポンパドゥール夫人**（一七二一～一七六四　フランス）

# 「ベッドの上からフランスを支配」

ルイ十五世の愛人。美貌と知性で国王を虜にして、フランス政治を牛耳《ぎゅうじ》った。七年戦争への介入や桁《けた》外れの浪費で国庫を傾けたが、芸術や啓蒙思想の発展に寄与したという評価もある。ちなみに、国王に見初められたときにはすでに結婚して子供も産んでいた。妻を寝取られた夫が不憫でならない。

ルソー、ジャン・ジャック（一七一二～一七七八　フランス）

「自伝を書くのはろくでなしの証拠」

フランスの啓蒙思想家。母を亡くし、父に捨てられ、年上の女性のヒモとなって育つ。『社会契約論』などの画期的な書物を著すが、そこに表れる社会批判により弾圧を受けて放浪生活を送った。愛人との間に子供を五人もうけたが、すべて孤児院に捨てている。人間的には問題の多い人物であった。自伝を書いて過ちを告白したが、期待した反応がなかったので、もう一度自伝を書いている。

クライブ、ロバート（一七二五～一七七四　イギリス）

「強すぎる悪代官」

イギリスの植民地行政官。東インド会社の書記から、フランスや現地勢力との戦いで成りあがり、初代ベンガル知事に就任した。軍事的才能と悪い意味での政治力を兼ね備え、インドで巨富を築いたが、議会の汚職追及と病気に耐えかねて自殺している。ちなみに、彼のペットのゾウガメは、二〇〇六年まで生きていた。

**マリア・テレジア**（一七一七～一七八〇　オーストリア）

## 「専制君主は肝《きも》っ玉《たま》母さん」

ハプスブルク家の当主としてオーストリアを支配した女帝。対外関係では押され気味であったが、内政では啓蒙主義的な政策を成功させた。私生活では、恋愛結婚した夫との間に、何と十六人もの子供をもうけている。二十代から三十代にかけてはほとんど妊娠中か産後の状態であり、それで政務をこなしていたわけだから、恐れ入るしかない。

**ダランベール、ジャン**（一七一七～一七八三　フランス）

# 「孤児からフランス一の学者に」

フランスの数学者、物理学者、哲学者。私生児として生まれ、親に捨てられて、貧しいガラス職人に育てられた。パリの名門校に学んだが、学費は実父が出していたという。広《こう》範《はん》な科学的業績のほか、『百科全書』の編集者としても高名である。その生まれのせいか、生涯独身をつらぬいた。

**フリードリヒ二世**（一七一二～一七八六　プロイセン）

# 「ドイツにジャガイモ導入」

プロイセン国王。典型的な啓蒙専制君主で、プロイセンの近代化に努めた。『反マキャベッリ論』を著しているが、みずからとった手法はまさにマキャベリズムだった。女嫌いであり、政略結婚した妻には手もふれなかったという。そういえば、戦った相手はロシアにオーストリアにフランスに、と女性が実権を握っていた国だ。これは、女性蔑視《べっし》のせいで、マリア・テレジアらに嫌われていたからでもある。当然、子供はいなかったので、帝位は甥が継いだ。気になる女嫌いの理由は、マリア・テレジアにふられたから、という説もある。

**フランクリン、ベンジャミン**（一七〇六〜一七九〇　アメリカ）

## 「理想的アメリカ人」

著述家、実業家、教育者、政治家、科学者として成功した万能の人。合理主義と公共の精神が、よきアメリカを体現している。自伝を書いているわりには、幸福で良識的だった。菜食主義でも知られる。

**スミス、アダム**（一七二三〜一七九〇　イギリス）

## 「見えざる手」

イギリスの経済学者。『国富論《こくふろん》』で近代経済学の基礎を築いた。内気な性格で、母と友人と書物のみを話し相手とし、独身をつらぬいた。この時代の学者にはこういうパターンが多い。

**ミラボー、オノーレ**（一七四九～一七九一　フランス）

## 「もっともスキャンダラスな革命家」

フランス革命の指導者の一人。貴族の出身ながら庶民的な言動で人気を博し、議会と王室のパイプ役を務めていたが、実は議会を裏切って王室のために活動していた。私生活も乱脈を極めており、不倫やら離婚やらの醜聞《しゅうぶん》が絶えなかった。まったく美男子ではないが、とにかくもてたという。嫌な奴だ。

## 「生活力ゼロ」

**モーツァルト、ウォルフガング・アマデウス**（一七五六～一七九一　オーストリア）

オーストリアの天才作曲家。とくに意識せずとも、ＣＭやＢＧＭなどで誰もが聞いたことがあるはずだ。尾籠《びろう》な冗談を好んだとか、フリーメーソンに加入していたとか、収入は多いのに借金まみれだったとか、エピソードには事欠かない。天才ゆえに、生活者としては落第であった。

**ムハンマド・イブン・アブドゥル・ワッハーブ**（一七〇三〜一七八七　アラビア）

# 「こちらでも宗教改革」

イスラームの宗教改革者。コーランとムハンマドの教えに戻れと唱えて、ワッハーブ運動を起こした。イスラーム近代化の先駆であり、樹立したワッハーブ王国はサウジアラビアの源流となった。現代の原理主義もこの流れをくむ。キリスト教でいえばルターのような人。

**エカチェリーナ二世**（一七二九〜一七九六　ロシア）

# 「ロシア人よりもロシア人らしく」

ロシアの啓蒙専制君主。ドイツ生まれでロシアの皇太子に嫁いだが、夫が無能だったため、即位直後にクーデターを起こし、みずから帝位に即く。国内の改革はうまくいかなかったが、戦争を含めた外交では活躍し、ロシアの地位を高めた。私生活は派手で、たくさんの愛人を抱えていた。女帝の愛人というと大変そうだが、暴君ではないので、妻に仕えるのと大差はないのかもしれない。

# 「三選辞退は英断」

**ワシントン、ジョージ**（一七三二〜一七九九　アメリカ）

アメリカの初代大統領。植民地軍の総司令官として独立戦争を戦った。装備の貧弱な農民兵をひきいての戦は困難だったが、守りをかためて奇襲をかける戦術で勝利をおさめる。戦後は初代大統領として合衆国の発展に尽くした。就任演説よりも、三選出馬を拒否した辞任演説のほうが、後世への影響が強い。そのおかげで、アメリカは多選の弊害《へいがい》を免れることができている。ちなみに、有名な桜の木のエピソードはもちろん作り話である。正直者に政治家はつとまらない。

**ロベスピエール、マクシミリアン**（一七五八～一七九四　フランス）

# 「フランス革命の影」

フランス革命期の政治家。革命というのは成功したらたいてい仲間割れが生じるもので、フランス革命も例外ではない。ロベスピエールは弱者救済を旨《むね》とする弁護士だったが、政権を握ると反対派を次々と粛清して恐怖政治を布いた。テルミドールの反動で捕らえられて処刑される。自身は禁欲的で清廉、まさに革命家らしい革命家であった。

**トゥーサン・ルーヴェルチュール**（一七四三～一八〇三　ハイチ）

# 「ハイチ独立の父」

黒人奴隷の子として生まれ、フランスやイギリスと戦って、ハイチを独立に導いた。ルーヴェルチュールはフランス語で「抜け穴」の意で、神出鬼没の指揮ぶりからつけられたあだ名である。ハイチの初代大統領となるが、ナポレオンが派遣した遠征軍にだまし討ちにされて捕らえられ、獄死《ごくし》した。奴隷解放の英雄の一人である。

# 19世紀

19世紀、世界は欧米諸国のためにあった。

まず、主役の座を占めたのはフランスである。皇帝ナポレオンにひきいられた国民軍はヨーロッパを席捲《せっけん》したが、最終的には対仏大同盟に敗れ、帝政は崩壊する。戦後、オーストリアの宰相メッテルニヒの主導で講和会議が開催され、ウィーン体制と呼ばれる国際秩序が生まれた。

勢力均衡によって大国間には平和がもたらされたが、反動的なウィーン体制は長くは続かなかった。各地で自由主義革命が勃発し、立憲主義への移行や新たな国民国家樹立の動きが生じる。イタリアはヴィットーリオ・エマヌエーレ二世のもとに統一され、ドイツはビスマルクひきいるプロイセンを中心にして質実剛健の強国となった。

大陸の混乱をよそに、いち早く工業化を成し遂げたイギリスは、世界の制海権を握り、植民地経営を進めて、19世紀後半に最盛期を迎える。君主制のもと、議会政治が発達し、二大政党が論説を戦わせていた。アメリカは、奴隷解放宣言を出したリンカーンのもと、南北戦争による分裂の危機を乗り越え、西部開拓に乗り出して、独自の発展の道を歩む。

一方、旧時代を象徴するふたつの帝国——清朝とオスマン朝は瀕《ひん》死《し》の状態にあった。近代化に向けた改革の動きは見られたが、利権を保持しようとする列強につぶされ、さらなる侵蝕《しんしょく》を受けていく。

日本では明治維新《めいじいしん》が起こり、奇跡とも言われる急速な近代化に成功した。しかし、植民地獲得競争への遅れての参戦は、後の大戦につながる。19世紀後半に形成された三国——日独伊《にちどくい》が第二次大戦の敗戦国となるのは、偶然ではない。

なお、社会主義思想の誕生と発展も、本世紀の重要なトピックである。

**銭大昕**《せんたいきん》（一七二八〜一八〇四　中国・清）

# 「清の大学者」

清代の考証学《こうしょうがく》は、客観的な根拠をもとに事実を明らかにしようとする学問の態度で、近代科学にも通じる。銭大昕はその代表的な学者で、四十代で官界《かんかい》を去り、以後は名利《めいり》を求めず、学問と教育に専心した。該博《がいはく》な知識と学問に対する真摯《しんし》な態度は、後進の見本となっている。

**ネルソン、ホレイショ**（一七五八〜一八〇五　イギリス）

# 「命はひとつしかなかった」

イギリスの海軍軍人。積極果敢な戦法で多くの武勲《ぶくん》をあげ、英雄となったが、トラファルガーの海戦（対フランス・スペイン）で勝利と引き替えに戦死。それまでの戦いで右目、右腕を失っており、ネルソンは隻眼隻腕《せきがんせきわん》だった。命令違反、任務放棄、不倫略奪愛など、素行《そこう》には多大な問題があったが、それでも名声は揺るがない。勝って戦死、というのはある意味理想である。

# 「主な武器は銃」

**カメハメハ一世**（一七五三頃～一八一九　ハワイ）

四つの国に分かれていたハワイ諸島を統一し、ハワイ王国を建設した大王。イギリスやアメリカの援助を受けて火器を導入し、軍事力を増強したが、すぐれた外交手腕で独立は維持した。いけにえの儀式を廃止したことも業績のひとつである。勤勉で寛容な王で、決して怠け者だったり、気の塊《かたまり》を発射したりはしない。

**ナポレオン**（一七六九〜一八二一　フランス）

# 「ゲームにも酒にも魚の名前にも」

市民革命で王政を打倒したら、皇帝が生まれるとは、誰も予想しなかっただろう。ナポレオンを皇帝にしたのは、軍事的才能と民衆の支持であった。「余の辞書に不可能の文字はない」等の名言から、臭いフェチの下ネタまで、多くのエピソードは、彼が世界史上に与えた影響の大きさをしめしている。

**ボリバル、シモン**（一七八三〜一八三〇　コロンビア）

# 「ボリビアは彼の名前から」

ベネズエラ生まれのスペイン人大富豪。新妻の死をきっかけにラテンアメリカ独立運動に身を投じる。彼の卓越した指導力によって、諸国はスペインからの独立を達成し、大コロンビア共和国が成立したが、内紛が生じて分裂してしまう。革命のために財産を使い果たしたボリバルは、部下に次々と叛かれ、落胆して世を去った。遺言にいわく「革命に奉仕する者は海を耕すことになる」。

**シャンポリオン、ジャン・フランソワ**（一七九〇～一八三二　フランス）

# 「エジプト学の父」

フランスの東洋学者。言語の天才で、十数カ国語を解し、十代で大学准教授《じゅんきょうじゅ》になっている。ロゼッタストーンを用いてヒエログリフの解読に成功し、エジプト学の道を開いた泰斗《たいと》。身体が弱く、闘病を続けながらの研究生活であった。

**ゲーテ、ヨハン・ウォルフガング**（一七四九～一八三二　ドイツ）

# 「たまにダンテと混ざる」

ワイマール公国の宰相にしてドイツの文豪。代表作『若きウェルテルの悩み』『ファウスト』。年上の人妻から六十歳下の少女まで、恋多き人生で知られる。恋愛はまぎれもなく創作のエネルギーでありモチーフだった。ちなみに、「もっと光を」という遺言が有名だが、部屋が暗いので窓を開けてくれ、という意味である。

**ムハンマド・アリー**（一七六九～一八四九　エジプト）

## 「エジプト近代化の父」

オスマン帝国の兵士から身を起こしてエジプト総督となり、事実上の独立を果たす。専制支配のもとでエジプトの近代化を実現させたが、列強の介入にあって、国土は縮小を余儀なくされた。政治力と軍事力に優れた一代の傑物《けつぶつ》だったが、後継者には恵まれなかった。このレベルの君主が世襲で二代続くことは、まず望めない。

**メッテルニヒ、クレメンス**（一七七三～一八五九　オーストリア）

## 「踊《おど》る会議の議長」

オーストリアの宰相。ナポレオン戦争後のヨーロッパ外交を主導した。市民革命を目の敵にした反動政治家のイメージが強いが、巧みな外交で一時代を築いたのは確かである。

容貌はいかにも貴族然としたハンサムで、なるほど舞踏会がよく似合う。

# 「清朝最高の人材」

**林則徐**《りんそくじょ》（一七八五〜一八五〇　中国・清）

清代の官僚。すぐれた内政手腕と民望を有する行政官で、清朝の復興のためにはアヘンの追放が必要と信じ、その政策を強力に推し進める。しかし、これに怒ったイギリスが戦争を仕掛けると、怯えた朝廷は、抗戦を主張する彼を左遷して和を乞《こ》うた。林則徐は左遷先でも治績をあげ、民に慕われている。対イギリスの作戦構想は理にかなっており、朝廷に彼を信じて戦う勇気があれば、歴史が変わっていたかもしれない。

## 洪秀全《こうしゅうぜん》（一八一四〜一八六四　中国・清）

# 「科《か》挙《きょ》は反乱製造システム」

太平天国《たいへいてんごく》の乱の首謀者。科挙に落ち続けたことから宗教にめざめ、キリスト教っぽい新興宗教をつくって信徒を集め、反乱を起こした。有能な部下がそろっていたため、太平天国は勢力を強めたが、内紛もあって、結局は鎮圧された。しかし、新興宗教の教祖というのはどうしてハーレムをつくりたがるのか。

## リンカーン、エイブラハム（一八〇九〜一八六五　アメリカ）

# 「人民の、人民による、人民のための」

為政者は動機ではなく結果で評価されるものだ。その意味で、リンカーンは偉大な大統領である。奴隷解放宣言はもともと、敵である南部諸州にのみ適用されるもので、戦略目的から出された法律だった。それを全土に波及させたのは、時代の潮流と人民の意思である。……なんだ、演説どおりじゃないか。

## 坂本龍馬《さかもとりょうま》（一八三五～一八六七　江戸時代）

# 「司馬遼《りょう》太《た》郎《ろう》のおかげで全国区に」

幕末の志士《しし》で、明治維新の立役者の一人。その歴史的役割はさておいて、こうした国民的英雄（会津《あいづ》をのぞく）をもてるのは幸せである。大衆のヒーローの条件のひとつに、悲劇の死というのがあって、龍馬もそれを満たしている。にもかかわらず、「実は生きていた説」があまり流れないのは興味深い。やはりそういうキャラではないのだろう。

## リヴィングストン、デイヴィッド（一八一三～一八七三　イギリス）

# 「アフリカに愛された探検家」

スコットランドの出身で、布教のためにアフリカに渡り、内陸部を探検してヴィクトリア滝などを発見した。奴隷貿易の根絶にも尽力している。一時、行方不明となり、無事に発見されたときはヨーロッパ中でニュースになった。ただ、帰国は拒否し、探検をつづけて客死《かくし》。最後までアフリカとともにあった。

**ヴィットーリオ・エマヌエーレ二世**（一八二〇〜一八七八　イタリア）

# 「地味な建国の父」

イタリア統一を成し遂げた王だが、荘重《そうちょう》な名前とは裏腹に、地味な印象がぬぐえない。外交の達人カヴールや赤シャツ隊のガリバルディなど、有能で個性的な人物が周りにいるからか。そういう意味では、三蔵法師や劉備《りゅうび》のようなタイプの人である。

**ディズレイリ、ベンジャミン**（一八〇四〜一八八一　イギリス）

# 「理想的な二大政党制」

イギリスの政治家。保守党をひきいて、自由党のグラッドストーンと対立しながら、強いイギリスを志向して帝国主義を推進した。政界にデビューする前は作家として有名であり、議員となってからもみずからの主張を小説のかたちで発表している。作家から政治家へというのは、ある意味伝統にのっとっているのである。

**マルクス、カール**（一八一八～一八八三　ドイツ）

# 「偉いのはエンゲルス」

マルクス主義を生んだ思想家。ブルジョワジーの家に生まれたが、ほとんど働かなかったので収入がなく、同志で資本家のエンゲルスに頼って生活していた。思想家、経済学者としては天才で、後世に多大な影響を及ぼしたが、私生活ではまったくのダメ人間である。妻は貴族の娘で幼馴染み、おまけに評判の美人であり、亡命生活と貧困のなかでも献身的にマルクスを支えた。貧困のせいで、七人の子供のうち、成人したのは三人。貧乏人の子だくさんといえば一般的であるが、マルクスはさらに召使いにも子供を産ませている（エンゲルスがこっそり引き取った）。共産主義というのは指導者に自制と自律が求められるが、まあ、マルクスには無理だろう。

シュリーマン、ハインリヒ（一八二二〜一八九〇　ドイツ）

# 「偉大な素人」

語学とビジネスの天才で、アメリカやロシアで金や藍《あい》、軍需物資の取引をおこない、巨万の富を得た。その後、三十歳下の若い女性と再婚、伝説のトロイの発掘に乗り出し、見事に遺跡を発見した。発見の功は否定できないが、金に物を言わせた発掘で、遺跡を壊したり遺品を盗んだりとやりたい放題である。彼の業績は自伝『古代への情熱』にくわしいが、本当に偉大な業績を残した人は、自伝なんか書かないものだ。

グラント、ユリシーズ（一八二二〜一八八五　アメリカ）

# 「軍人のままでいればよかったのに」

アメリカ南北戦争で北軍を勝利に導いた軍人。後に大統領となったが、政治的には無能で、汚職と腐敗をはびこらせた。晩年には投資に失敗して破産したが、死後に出版された『回顧《かいこ》録《ろく》』はベストセラーになった。立派な軍人のままだったら、回顧録は売れただろうか。

**ゴッホ、フィンセント・ファン**（一八五三～一八九〇　オランダ）

## 「芸術にひそむ狂気」

オランダの画家。二十代後半になって画家を志し、印象派と浮世絵に影響を受けた作品を残した。もともと人付き合いに難があったが、やがて精神を病んで自殺。生前に売れた絵は一枚だけだったが、死後に人気が爆発する。性格に問題がなければ、生きているあいだに売れたかもしれないが、そもそも芸術家にはならなかったかもしれない。

**コシュート・ラヨシュ**（一八〇二～一八九四　ハンガリー）

## 「革命家のわりに長生き」

ハンガリーの革命家。一度はハンガリーを独立に導いたが、オーストリア帝国の反撃を受けて亡命を余儀なくされる。ポーランドの英雄コシューシコと紛らわしいが、コシュー シコは最近コシチュシュコなどと書かれるので、区別がつくようになった。しかし、今度は発音が難しいという問題が出てくる。

**レセップス、フェルディナン・ド**（一八〇五〜一八九四　フランス）

## 「栄光から奈《な》落《らく》へ」

フランスの外交官。様々な苦労を克服してスエズ運河を開通させ、国民的英雄となる。しかし、つづいて挑んだパナマ運河の開削《かいさく》には失敗、会社は破産して詐欺罪に問われ、狂死した。ひとつでやめておけばよかったのに。

**ビスマルク、オットー**（一八一五〜一八九八　プロイセン）

## 「鉄《てつ》血《けつ》宰《さい》相《しょう》」

プロイセンの宰相としてドイツの統一と発展に大きく貢献した。プロイセンを短期間で一流国に成長させた政治力もさることながら、本領は外交で、巧みに利害を調整して他国を意のままにあやつった。十九世紀後半のヨーロッパがビスマルク体制と呼ばれるゆえんである。いわく「愚者は経験から学び、賢者は歴史から学ぶ」。

# 20世紀

いつからが現在で、いつまでが歴史と言えるのだろうか。単純に何年前ということではなく、世界史上の画期《かっき》を考えてみると、20世紀にはふたつの区切りが考えられる。1991年のソ連崩壊と、1945年の第二次世界大戦終結である。前者はさすがに近すぎるので、本書では1945年までを対象とする（人物は1945年没まで）。

新しい国際秩序をつくるために、世界は多くの血を流した。1914年、サラエボでのオーストリア皇太子暗殺を発端として、第一次世界大戦が勃発する。ドイツを中心に、オーストリア、オスマン帝国などが属する同盟国に対し、イギリス、フランス、ロシア、アメリカ、日本などの連合国が勝利をおさめたが、様々な新技術を用いた総力戦は、とくにヨーロッパ諸国に大きな傷跡を残した。

また、この戦中戦後に、四つの帝国が滅んでいる。ドイツ、オーストリア、ロシア、オスマンである。それにともなって、ソヴィエト連邦をはじめとする多くの新しい国が生まれた。中国の清朝は1911年の辛亥《しんがい》革命で滅びているが、その後の情勢は混沌として、中華人民共和国が生まれるには、まだ時間を必要としていた。

第一次世界大戦の戦後処理は、ドイツに責任を押しつけ、過大な負担を強《し》いるものであった。この処置がヒトラーの台頭を呼び、やがて第二次世界大戦の勃発につながる。ドイツ、イタリア、日本をはじめとする枢軸《すうじく》国と、イギリス、フランス、アメリカ、ソ連などの連合国の戦いは、後者の勝利に終わった。

第二次大戦後の世界は、戦勝国を中心に動いていく。そのなかで生まれた対立が、資本主義陣営と社会主義陣営、東と西の戦い、すなわち冷戦である。

西太后《せいたいこう》（一八三五〜一九〇八　中国・清）

# 「紫《し》禁《きん》城《じょう》には落《らく》日《じつ》が似合う」

清朝の皇妃、皇太后で、摂政として半世紀近く政権の座にあった。激変する社会・国際情勢に対応しきれなかったが、清朝の滅亡を彼女一人の責に帰するのは酷である。残虐だったと伝えるエピソードは多くが創作だが、貶《おとし》められるのも失脚した独裁者の宿命であろうか。

伊《い》藤《とう》博《ひろ》文《ぶみ》（一八四一〜一九〇九　日本）

# 「この人もお札になってました」

初代内閣総理大臣。農民の子として長州《ちょうしゅう》に生まれ、藩士となって倒幕運動に参加する。維新後も出世を重ね、憲法制定をはじめとする新体制の確立に力を発揮した。きわめて有能な政治家で、日本の近代化を成功させた立役者のひとり。親韓派でありながら韓国人に暗殺されたのは悲劇的だが、物語的にはよくあるパターンだ。金銭には清廉だったが、女好きには定評があり、芸者遊びを好んだことが知られている。

# 「戦争と平和」

**トルストイ、レフ**（一八二八〜一九一〇　ロシア）

ロシアの、というより世界の文豪。在世中から世界的な名声を得ており、人道主義、無抵抗主義の言説は大きな影響力を持った。貴族であり、印税と領地からの収入で豊かな生活を送っていたが、隙あらば、財産を寄付したり慈善事業に使ったりするので、夫婦仲は悪かった。最晩年には「世界の人が共感してくれるのに、何で妻はわかってくれないんだ」と家出を決行している。なるほど、不幸には様々なかたちがあるものだ。

**オー・ヘンリー**（一八六二〜一九一〇　アメリカ）

# 「獄中で書いた物語」

『賢者の贈り物』『最後の一葉《いちよう》』で有名な短編小説家。公金横領の罪でアメリカから逃亡したが、妻が危篤《きとく》と聞いて帰国し、投獄された。そして、偽名を使って獄中からデビュー、出所後は人気作家となるが、酒に溺《おぼ》れて病死した。作品と同様、悲哀に満ちた人生であった。

**ナイチンゲール、フローレンス**（一八二〇〜一九一〇　イギリス）

# 「クリミアの天使」

クリミア戦争での看護経験から、病院の衛生管理と看護教育の必要性を説き、統計学を用いた説得によって、改革を実現させた。真に賞賛すべきは、彼女自身の献身的努力や超人的仕事量ではなくて、それがなくても動くシステムをつくりあげたことである。

**ラーマ五世**（一八五三〜一九一〇　タイ）

# 「タイの近代化の父」

チャクリ朝（タイ）の王。様々な改革をおこなって、タイ王国の近代化を成し遂げた。なかでも、奴隷の解放は高く評価されている。この改革と粘り強い外交交渉、そして緩衝《かんしょう》地帯となる地政学的位置によって、タイは独立を保つことができた。この時代の上からの改革としては珍しい成功例である。

**ピュリッツァー、ジョゼフ**（一八四七〜一九一一　アメリカ）

# 「大衆的ジャーナリズムの祖」

アメリカの新聞経営者。販売合戦のためにジャーナリストの魂を売ったことを反省し、遺言でピュリッツァー賞をつくった。イエロー・ジャーナリズムと蔑《さげす》まれた彼の会社の新聞は、要するに某夕刊紙のようなものである。そんなに反省することなのか、反省することなんだろうな。

**アフマド・アラービー**（一八四一～一九一一　エジプト）

# 「列強に阻《はば》まれた自由主義革命」

エジプトの軍人。事実上、英仏の植民地だったエジプトで革命を起こし、民族主義と立憲制をめざした政権を樹立した。しかし、イギリスの反撃に遭って、あえなく敗北、セイロン島に流される。列強に近い位置とスエズ運河の巨大な利権が、エジプトの独立を阻んでいた。

**フランツ・ヨーゼフ一世**（一八三〇～一九一六　オーストリア）

# 「ドイツにふりまわされっぱなし」

オーストリア＝ハンガリー二重帝国の皇帝。事実上、最後のハプスブルク家の皇帝とされる。在位は七十年近く、その間に社会は大きく変わった。絶対王政を志向した皇帝も、象徴的な立憲君主として民に愛される存在になる。オーストリアは発展したが、フランツ・ヨーゼフ個人は、身内に次々と先立たれる不幸な人生であった。そういえば、幸福な皇帝はあまりいないように思われる。

# 「ロシアの怪僧」

**ラスプーチン、グリゴリー**（一八六四／六五～一九一六　ロシア）

シベリアの貧農の生まれで修行僧と称し、怪しげな弁舌と催眠術で成りあがった。ロシア皇帝と皇后の信任を受け、宮廷を我が物顔で歩き回っていたが、大きな態度を憎まれて暗殺された。青酸《せいさん》カリを飲んでも、銃で撃たれても死なず、最後はぼこぼこに殴られたあげくに川に放りこまれて溺死。もはや暗殺でも何でもない。青酸カリは偽物で、銃弾は急所をはずしていたのだろうが、それにしてもすごい生命力だ。黒幕や怪しい人物の代名詞で、日本には「〇〇のラスプーチン」が多い。

**劉《りゅう》　永福《えいふく》**（一八三七～一九一七　中国）

# 「戦いつづけて最後は病死」

太平天国の乱に参加したのを皮切りに、ベトナムに渡ってフランスと戦い、日清戦争では台湾で日本と戦い、辛亥《しんがい》革命に参加し、さらに抗日運動に加わり、と、生涯にわたって強国と戦いつづけた。その配下の軍は強く、黒旗軍《こっきぐん》と呼ばれて怖れられたが、彼がいくら局地戦で勝っても、戦争には勝てなかった。それにしても、これだけ負け戦を戦って、八十まで生きるとは。

**ピアリー、ロバート**（一八五六～一九二〇　アメリカ）

# 「金まみれの北極点」

人類で初めて北極点に到達した探検家。とされているが、現在ではその業績は疑問視されている。北極点にはたどりついていないだろう、と言われているのだ。当時の探検も今と同じくスポンサーがついており、金と名誉がからんでどろどろしたものだった。ピアリーは、北極点到達をめぐるライバルとの裁判で買収をおこなって勝利しており、そのような行動がさらに疑惑を深めている。

**レーニン、ウラジーミル**（一八七〇～一九二四　ロシア）

## 「ペンネームは百五十以上」

ロシア革命を成功させ、ソ連の初代の指導者となる。第一次大戦と革命後の混乱を収めて、世界初の社会主義国家を軌道に乗せた。理論と実践を両立させた巨人である。ハゲフサの法則（ソ連、ロシアの指導者は頭髪の薄い人と濃い人が交互に現れる）は彼からはじまる。つまり、頭髪は薄い。

**孫文《そんぶん》**（一八六六～一九二五　中国）

## 「革命いまだ成らず」

辛亥革命の指導者。自身が指揮した二度の蜂起は失敗し、亡命生活を送っていたが、辛亥革命が成功すると帰国して指導者の地位についた。その後、軍閥《ぐんばつ》と取引したり、ソ連の力を借りたり、よく言えば臨機応変、悪く言えば無節操に行動しており、結局何がしたかったのかわからない。思想や理念より先に、「強い国をつくりたい」という意思があったのだろう。

**エジソン、トーマス**（一八四七〜一九三一　アメリカ）

# 「発明王」

アメリカの発明家。理論ではなく実践の人で、発明も実用性を重視した改良発明が多い。また、発明をお金に換えることにも熱心だった。落ちこぼれで小学校をやめたのは事実だが、真似をしてはいけない。

**キュリー夫人**（一八六七〜一九三四　フランス）

# 「夫も優秀な科学者」

ポーランド出身でフランスで研究した科学者。物理学、化学の分野で二度、ノーベル賞を受賞しており、放射能研究の先駆者である。外国人でしかも女性という二重の偏見にさらされながら、巨大な業績をあげており、偉人伝にふさわしい人物だ。しかし、本人はあまりに有名になってしまったがために、大衆的ジャーナリズムの好餌《こうじ》となり、取材攻勢と誹謗中傷《ひぼうちゅうしょう》に耐えねばならなかった。このあたり、今も昔も変わらない。

## 「いろいろな意味でゴッドハンド」

**野口英世**《のぐちひでよ》（一八七六〜一九二八　日本）

こんな人物の伝記を子供に読ませていいのだろうか。借金をして女遊びを繰りかえす。約束は守らない。すぐ嘘をつく。勤勉な努力家という面は確かにあったが、その背景には極端な名誉欲があった。医学者としての業績のいくつかは現在でも評価されているが、多くは否定されている。ほとんどは「病原体発見」→「追試不能、後に否定（実はウイルスで、当時の技術では見えない）」のパターンであり、性急に結果を追い求める姿勢が招いたミスだと思いたい。

**ロレンス、トーマス・エドワード**（一八八八～一九三五　イギリス）

# 「アラビアのロレンス」

イギリスの中東政策を担った連絡将校。第一次大戦中に中東で軍務についた体験を大幅に誇張し、架空のエピソードを交えて自伝として発表、一躍英雄となった。その生涯は映画化され、二十世紀を代表する名画のひとつにかぞえられている。『チャタレイ夫人の恋人』のロレンスは別人。アラビアのロレンスのほうは、性的に倒錯していたことが知られている（マゾであったことは事実だが、ゲイであったかどうかは議論がある）。

**ロックフェラー、ジョン**（一八三九～一九三七　アメリカ）

# 「石油王」

アメリカの三大財閥といえば、ロックフェラー、メロン、デュポン（モルガン）だが、なかでもロックフェラーが抜群の知名度を誇る。創設者のジョンは十八歳で独立して商売をはじめ、手練手管《てれんてくだ》を駆使して石油業界を制覇した。あくどい商売を批判されたためか、引退してからは慈善事業に精を出し、教育や医学の発展に尽くしている。いかにもアメリカ的な人物だ。

**レザー・シャー・パフラヴィー**（一八七八〜一九四四　イラン）

## 「二十世紀に生まれて滅んだ王朝」

パフラヴィー朝（イラン）の創始者。元軍人で、二五〇〇人の手勢をひきいてテヘランを占領、革命に成功する。皇帝として近代化に努めたが、第二次大戦でドイツについたため、イギリスとソ連に攻められて、退位を余儀なくされた。近現代の独裁者は、味方にする大国をまちがえると大変である。

## 「トルコの父」

**ムスタファ・ケマル**（一八八一〜一九三八　トルコ）

トルコの初代大統領。オスマン帝国を滅ぼし、連合国の介入を退けて、トルコ共和国を建設した。さらに、世俗化、近代化を成し遂げて、トルコの発展に大きく寄与し、アタテュルク（父なるトルコ人）の尊称を得ている。独裁者ではあったが、地位の世襲化や個人崇拝は望んでいなかった。そのため、神格化されるほどに崇拝されるという皮肉な状態になっている。長期政権にならなかったのがよかったのかもしれない。ちなみに、死因は酒の飲み過ぎによる肝臓病である。

**ルーズヴェルト、フランクリン**（一八八二～一九四五　アメリカ）

# 「最初で最後の四選」

アメリカ大統領。ニューディール政策によって、世界恐慌からの脱却に努め、第二次大戦では全力を傾注《けいちゅう》して連合国を勝利に導いた。ただ、自身は勝利を目前に死亡している。ちなみに、行動的で有能な妻に支えられていたが、不倫歴もある。二十世紀末にも似たような話があった。

**ヒトラー、アドルフ**（一八八九～一九四五　ドイツ）

# 「酒もたばこもやらないのは有名な話」

ドイツの総統《そうとう》。独裁者として第二次世界大戦を起こし、敗れて自殺した。ヒトラーの罪はホロコーストを引き起こしたことであって、独裁者になったことではない。彼の権力獲得は、民主政治下で合法的におこなわれている。すなわち、今後も彼のような存在が現れることはありうるのだ。みなが過去から学ばないかぎり。

おわりに　小説家が語る「歴史の描き方」

歴史のおもしろさは伝わっただろうか。

興味をひいた人物がいれば、あるいは時代や王朝があったら、ぜひそれを題材にした小説や、解説した本を読んでほしいと思う。

とりあげられなかった人物や地域に興味を抱いた方もいるかもしれない。誤解をおそれずに言えば、私自身もこの人選に完全に満足しているわけではない。もっと地味な人物や辺境の小国にも目を向けたかった。イサナヴァルマン（チャンパ王国の女王）とか、テオティワカン（メキシコの古代都市）とか、モノモタパ王国（アフリカ南部）について語りたかった。

しかし、史料的制約や研究状況や、単なる私の力不足から、ピックアップするにはいたらなかった。

史料的制約といっても、ピンとこないかもしれない。たとえば、テオティワカンは、紀元前二世紀頃から後六世紀頃まで栄えた都市だ。太陽のピラミッドと呼ばれる巨大建造物や、下水道を備えた計画的な都市建設が、往事の繁栄をしのばせる。最盛期の人口は二十万を算《かぞ》えたと推定されており、古代においては世界でも有数の大都市であった。しかし、その文明の実態は謎に包まれている。文字がなく、同時代の記録が残されていないからだ。人名すらわからないのであれば、人物事典に載せようがない。

だが、小説に書くことはできる。名前は後の文明であるアステカあたりから引っ張ってくればいいし、遺跡や出土物を手がかりにすれば、ストーリーも浮かびそうだ。もっとも、たとえ書けたとしても、出版できるかどうかは別の問題である。需要がなければ、商業出版はかなわない。

ついこのようなことを考えてしまうのは、私の経歴ゆえである。歴史学の研究者を志しながら、途中で小説の世界に転んだので、いつも歴史と物語の境目あたりをうろうろしているのだ。

よく言われるように、歴史（history）と物語（story）の語源は同じである。歴史と物語には多くの共通項が存在する。当然、違いもある。その点に留意しつつ、あとがき代わりに「歴史を描くとは」というテーマについて述べてみたい。

## 史料がないと歴史は描けない

最初に確認しておこう。歴史研究の対象となる文明やら文化やら民族やらのあいだに、優劣はない。研究の蓄積があって、多くの史実が明らかになっているからといって、その文明が優れていたということにはならない。

古代には世界各地に多くの文明が存在していたが、詳細な歴史が判明しているのはエジプトとメソポタミアくらいである。たいていの文明には文字かその原形はあるが、充分なサンプルと手がかりがなければ解読できない。古代エジプトではヒエログリフの碑文が多く残されており、メソポタミアでは楔形文字の粘土板が大量に発見された。ゆえに、人名もわかれば、何年にどんな出来事があったかも、ある程度まで再現できる。

一方、メソアメリカの古代文字やインダス文字、線文字Aなどは解読できていないし、中国の甲骨文字《こうこつもじ》や金石文《きんせきぶん》は読めるものもあるが、占いの結果や青銅器の所有に関わる情報が多くて、史実の確定に用いるのは難しい。湿潤《しつじゅん》地域では、文字を記したものが残りにくいという問題もある。

史料が少なくてよくわかっていないからといって、そこに歴史がない、人間の生活や社会がなかったとはいえないのだ。それは、古代だけではなく、すべての時代にあてはまる。

では、史料というのは具体的にどういうものをさすのだろうか。まず、文字が書かれたもの（文字史料）、文書《もんじょ》類（文献史料）は、すべて歴史研究に用いることが可能だ。古い時代では、建造物や自然の岩などに刻んだ碑文が重要になる。保存されやすく、造った者の意思が明確なため（死者の業績を記録しようとか、大勝利を後世に伝えようとか）、利用しやすいのだ。文献史料は多岐にわたる。歴史書や年代記から、個人の日記、文学作品、仕事の命令書や報告書、商売の帳簿、土地台帳、裁判の記録、税収の記録……それこそ枚挙《まいきょ》にいとまがない。

書かれたもの以外の史料（資料）もある。考古学的な遺跡や出土物、遺物にくわえ、絵画などの芸術作品も史料になりうる。銘《めい》が入った剣や、出土した木簡《もっかん》など、文字の入った考古学的史料も多い。

これらの史料は、一次史料と二次史料に分けられる。一次史料というのは、同時代史料といいかえてもよい。そのときその場にいた人の生の声であって、もっとも史料的価値が高いものだ。

二次史料は後世の編纂物や回想などで、すでに当事者でない人の手や、後代の価値判断がくわえられているものである。中国や日本の「正史」や、歴史書、年代記の多くはこれにあたる。史料的価値は劣るが、無視して研究するわけにもいかない。利用には細心の注意が必要だ。

「史料批判」という言葉がある。史料の性格を把握し、信頼性をチェックして、いかにして用いるべきか検討する作業だ。どんな史料であれ、すべて信用することはできない。この史料批判こそが、近代歴史学のよってたつ基礎になる。

もう少しおつきあいしてほしい。史料批判はまず、その史料が本物かどうか確かめることからはじまる。例は少ないが、偽史料というのは実際に存在して、「ユダヤ議定書」や「竹内《たけうち》文書」などの事件が知られている。記憶に新しい旧石器捏造《ねつぞう》事件もその一種だ。次に、その外形と来歴を確認する。信頼できる校訂本《こうていぼん》が出版されていれば問題ないが、写本であれば、途中で異同が生じている恐れがある。

いよいよ内容の検討だ。あらゆる文献史料は、何らかの意図のもとに書かれている（落書きにだって理由がある）。その意図が「事実の記録」であれば、信用してもいい。ただし、これは土地台帳とか帳簿とか、単なるデータにすぎない場合が多い。日記とか歴史書になると、より綿密《めんみつ》な検証が必要になる。書いたのは誰でどういう立場にあるのか、書かれたのはいつか、発表されたのはいつか、それらの情報をふまえたうえで、内容の真偽や誇張のほどを判断する。

たとえば、暴虐《ぼうぎゃく》な君主が統治する時代に、政治を非難するような本は発表できないだろう。国家編纂物には政治的意図が混じるし、年代記などでは過去を賛美することが多い。日記や自伝では、自己を美化したり卑下《ひげ》したりする。これらは真偽はもちろん、何を書いて何を書かないかにも影響してくる。

こう説明してくると、何もかも信用できないように思われるかもしれない。事実、ひとつの史料で史実を確定させることは難しい。史料批判をおこなったら、複数の史料をつきあわせていくことになる。

異なった系統の複数の史料が一致すれば、確かさは増し、史実とみなせるようになる。史料がたくさんある時代や地域では、他国の史料とつきあわせるとよい。古代では、文献史料の記述が遺跡発掘の成果で裏付けされる、というのがよくあるパターンだ。

誰も伝説だと思っていたトロイが実在を証明されたり、大げさだと思われていた始皇帝陵に関する『史記』の記述が真実とみとめられたり、と、考古学的発見は、鮮やかに認識を改めてくれる。

## 歴史家の仕事は「解釈」

史実を確定させても、そこで終わりではない。むしろ歴史家の仕事はそこからはじまる。重要なのは、何が起こったのかよりも、それがどんな意味を持つかだ。史実について考察し、解釈して、歴史の文脈に正しく位置づけることが歴史家の仕事であり、歴史家にとって「歴史を描く」ということになる。近年ますます盛んになっている社会史、経済史などは、まさに事象をどう解釈するかという分野なので、歴史家のセンスが問われるといえる。

史実と解釈について、ひとつ例をあげてみよう。

鎌倉幕府の成立年代についての議論がある。以前は「いいくにつくろう鎌倉幕府」と覚えたとおり、一一九二年に成立したとされていた。現在では、一一八五年成立説が主流になりつつある。

一一九二年は源頼朝が征夷大将軍に任じられた年で、一一八五年は平氏が滅び、頼朝が軍事・警察・土地支配権を認められた（守護《しゅご》・地頭《じとう》の設置）年だ。何年に何が起こったかという史実はもう動かない。しかし、何をもって幕府の成立とみなすかは、解釈の問題なので、様々な議論がおこなわれて、定説がくつがえることもあるのだ。成立年の議論は、幕府とは何か、というより大きな議論につながるので、簡単には決着がつかないだろう。

いや、決着をつける必要などないのだ。解釈を固定して思考を停止するより、議論をつづけたほうが理解は深まるし、その研究分野が活性化される。議論のための議論になると問題だが、つねに新説は出されるべきだし、新しい概念や史実の発見があれば、それにしたがった解釈も考えるべきだ。

では、史実が確定できない場合はどうなるだろうか。

日本の古代史などはその例だ。七世紀以前の日本史は謎だらけである。一次史料が残っていないので、二次史料の『日本書紀』に頼るしかないのだが、この史料の信憑《しんぴょう》性《せい》は高くない。七世紀の記述には大幅な曲筆の跡があるし、数百年も前の出来事が正確に伝えられていたとは考えにくいからだ。

さらに、中国の史書で裏付けられることは少なく、考古学の発見も限定的である。後者の理由は、天皇陵とみなされる遺跡の発掘が許可されないためであって、何とも歯がゆいのだが、これは宮内庁の意識が変わるのを待つしかない。

ただ、史料が乏しいのは必ずしも悪いことばかりではない。独自の解釈をする余地は多分にあるし、端《はた》から見ているといろいろな奇説珍説があふれていて楽しい。なかにはかなり説得力を持った説もある。

こう言うと、心配になる人もいるかもしれない。日本史の教科書に書いてあることは嘘なのか、史実とは言えないことを教えていいのか、と。

個人的には、別にかまわないと思う。明らかな嘘を教えるのはよくないが、確からしいことや有力な説のひとつを教えるのに、目くじらをたてるのは潔癖すぎるだろう。歴史教育の目的は唯一無二の知識を与えることではない。

だいいち、教科書に載っていることが全部正しかったら、大人になってから、教科書が間違っていることに気づく楽しみがなくなってしまうではないか。

## 作家の仕事は「解釈」と「解決」

ホメロスの時代、ヒストリーとストーリーの区別はなかった。史料を批判的に分析して、客観的な事実を伝えようという歴史家は近代以前にもいたが、決して主流ではない。歴史書で伝えようとする内容は、多くの場合、物語に近かった。ある国なり民族なりがどうやって生まれ、広がり、今に至ったか。もともとが伝承、神話、伝説だ。足りないところは想像力で補う。読んで頭に入りやすいように、話を創る。昔の歴史書はいまの歴史小説に似ている。

最後に、作家の仕事についても私見を述べたい。

歴史家に比べれば、作家の仕事は自由度が高い。史実にこだわる必要はなく、極論を言えば、史実と結末を変えることだってできるし、登場人物をみんな女性にすることもできる。そうした作品にも需要はあるだろう。

しかし、歴史小説好きの読者の多くが望んでいるのは、史実をふまえたうえで、大胆な解釈を披露したり、あまり知られていなかった人物の魅力を引き出したり、あるいは好きな人物をとことん格好良く描いたりする作品だと思う。そこでは、歴史書や史料に描かれていない部分が重要になってくる。

史料に描かれてない部分といえば、たとえば英雄の幼少期や陰謀の真相などもそのひとつだが、最たるものは人物の心情である。

何を思っていたかというのは、推測はできても断定はできない。歴史家の扱う領域ではなく、作家の扱う領域なのだ。

本能寺の変を描いた小説が多いのは、明智光秀《あけちみつひで》の謀叛《むほん》の理由という謎が、本人の心情に行きつくからである。いくら客観的な証拠を積みあげたところで、誰もが納得する結論は出ない。その意味で、光秀謀叛の謎を解くのは、歴史家ではなくて、作家の仕事になる。そして作品の数だけ、答えがあっていい。

そう、「謎を解く」というのも、歴史小説の醍醐味《だいごみ》のひとつだ。歴史上には、「邪馬台国」のように、史料の不足から、歴史家が解決できない謎がたくさんある。

断片的な史実をもとに想像力を働かせ、こうした謎に対して小説的解決をつける。作家が描いた全体図に、史実のピースがぴたりとはまっていくのは痛快だ。書いていても楽しいし（苦しいときもあるが）、読んでも楽しいと思う。

**史実は架空の話のように、架空の話は史実のように**

よく議論になるのは、どこまで調べるべきか、史実の改変は許されるのか、という問題である。もちろん、決まった答えなどない。作品の性格や、読者の嗜好《しこう》などから、作者が判断すればよい話だ。個人的には、あまり瑣事《さじ》にこだわりたくはない。

極端な例を言えば、日にちがわかれば月の満ち欠けはすぐに調べられるし（陰暦ならそのままだ）、江戸時代などであれば、その日の天気もわかっていることが多い。だからといって、史実通りじゃないと駄目だ、というのはナンセンスだろう。仇討ちの夜にはやはり雪が降っていてほしい。せっかく小説なのだから、場面に一番ふさわしい背景を描くべきだ。私は、史実は架空の話のように、架空の話は史実のように、描きたいと思っている。騙《だま》したいというわけではない。もとになった史実と虚構が一体になってはじめて、小説になるのだと考えるからだ。

そういえば、歴史小説を史実と思いこんでいる人が多い、といった苦言もよく聞く。それだけよくできた小説だということだ。

これもまた、あまり目くじらを立てることではないように思う。正確な歴史を知ってほしいのは確かだが、それ以上に、歴史を好きでいてほしいからだ。

いま現在、史実とみなされていることでも、もとは誰かが創った物語かもしれない。有名な例をあげると、明を滅ぼした李自成を支えた李巌は教科書に載るほどの重要人物であったが、後に架空の人物であることが判明した(203ページ参照)。二次史料が参照した史料のなかに小説や説話が混じっていたため、史実とフィクションが混同されていたのである。

近代歴史学は実証主義にたって、多くのフィクションを排してきたが、おそらくまだ充分ではない。歴史と物語は根っこのところでつながっており、簡単に分離できるものではないのだ。

最後になるが、本書のなかに、ひとりだけ架空の人物をまぎれこませておいた。……というネタをやろうと思ったのだが、良識ある方々に止められてしまった。なので、とりあげたのはみな実在の人物である。

いまのところは。

## 歴史はやっぱり役に立つのか、立たないのか?

最後に、「星海社新書」のコンセプトである「武器としての教養」について考えてみよう。歴史を学ぶ、そして教養として身につけることに、どんな意味があるだろうか。

本書を読んだみなさんは気づいていよう。

歴史は繰りかえす。

農民反乱で建てられた国はすぐに滅びるし、革命は成功した瞬間から仲間割れがはじまるし、粛清するのは成りあがり者だし、名君でありつづけるのは難しい。

この前提からは相反《あいはん》するふたつの結論が導ける。すなわち、繰りかえすのだから、歴史を学んで未来に生かさなければならない。いや、どうせ繰りかえすのだから、学んだって仕方ない。

性格の悪い人は言うだろう。

「歴史を学ぶのは、繰りかえしたときに、『やっぱり』って言うためだ」

しかし、それでは身も蓋《ふた》もないので、少しまじめに主張してみよう。歴史を学んでも役に立たない、などということになったら、私も困る。

まず、単純な知識として、基本的な歴史、とくに日本史は押さえておくべきだろう。たとえば、外国からの客人を案内して皇居に行ったとき、そこが江戸城であったことを説明したいではないか。一万円札を出して、この人は誰、と聞かれたら、よどみなく答えたいではないか。

しかし、教養、とくに「武器としての教養」と言ったとき、それは単なる知識にとどまらない。教養は思考のための土台であり、換言すれば、考える力である。いまでは少なくなってしまったが、大学によっては専門に進む前に教養課程をおいている。専門分野を深く学ぶ前に、土台をかためるためだ。

この点に立つと、歴史はまさに必須の教養といえる。歴史は人類の営みの蓄積であって、人間の心理や行動のパターン、社会のあり方やその変遷を鮮やかにしめしている。現代の経済や社会問題、あるいは個人の人生を考えるうえで、歴史という土台があるかないかは、大きなちがいになる。

たとえば、エジプトの民主化運動のニュースを見たとき、古代エジプトからはじまってローマ時代、イスラーム時代を経て、ナセルに至る歴史の流れを知っていれば、受けとる印象がちがってくるだろう。また、現代の欧米中心の世界が、ほんの二百年ほどしかつづいていないことを知れば、より相対的な見方ができるようになるだろう。

心得ておくべきは、教養はあくまで土台なので、それをもとに思考を積みあげなければ意味がないということだ。歴史も役立てようと思ったら、知っているだけではなくて、考えなければならない。

と、書きながら、私はお酒の効能を主張しているような気持ちになっている。お酒の効能というのはたいてい言い訳であって、酒飲みは飲みたいから飲むものだ。

結局、歴史は楽しんで、おもしろがってほしいと思う。そのうえで、何かの拍子に役に立ったり、思考に深みを与えたりしてくれたら、これほどうれしいことはない。

二〇一一年九月　少しひねくれた歴史小説家　小前亮

## 主要参考文献（事典、叢書《そうしょ》類のみ）

本書の執筆にあたり、以下の文献を参考にしました。先人の研究に敬意を表し、厚くお礼申しあげます。


・世界大百科事典（平凡社）
・日本大百科全書（小学館）
・国史大事典（吉川弘文館）
・世界文学大事典（集英社）
・アジア歴史事典（平凡社）
・デジタル大辞泉（小学館）
・世界史のための人名辞典（山川出版社）
・角川世界史辞典（角川書店）
・『世界の歴史』シリーズ（中央公論新社）
・『世界各国史』シリーズ（山川出版社）
・『岩波講座世界歴史』シリーズ（岩波書店）
・『日本の歴史』シリーズ（講談社）

# 世界史《せかいし》をつくった最強《さいきょう》の三〇〇人《にん》

二〇一一年 九 月 二十一 日 第一刷発行

著　　者　小前亮《こまえりょう》

発 行 者　杉原幹之助《すぎはらみきのすけ》・太田克史《おおたかつし》
編集担当　柿内芳文《かきうちよしふみ》
編集副担当　平林緑萌《ひらばやしもえぎ》
発 行 所　株式会社星海社
〒一一二-〇〇一三
東京都文京区音羽一-一七-一四音羽YKビル四階
電　話　〇三-六九〇二-一七三〇
FAX　〇三-六九〇二-一七三一
http://www.seikaisha.co.jp/
発 売 元　株式会社講談社
〒一一二-八〇〇一
東京都文京区音羽二-一二-二一
(販売部)〇三-五三九五-五八一七
(業務部)〇三-五三九五-三六一五
印 刷 所　凸版印刷株式会社
製 本 所　株式会社国宝社

ブックデザイン　吉岡秀典《よしおかひでのり》(セプテンバーカウボーイ)
フォントディレクター　紺野慎一《こんのしんいち》
イ ラ ス ト　マサオ
校　　閲　鷗来堂《おうらいどう》



ISBN978-4-06-138502-3
Printed in Japan

星海社新書ラインナップ

## 1 武器としての決断思考 瀧本哲史

# 「答えがない時代」を生き抜くための決断力

教室から生徒があふれる京都大学の人気授業「瀧本哲史の意思決定論」を新書1冊に凝縮。これからの日本を支えていく若い世代に必要な〝武器としての教養〟シリーズ第1弾。

## 2 仕事をしたつもり 海老原嗣生

# いつも忙しいのに成果が出ない。なぜだ！

どうしてみんな、一生懸命働いているフリをするのか？ 時間と労力の無駄なのに、どうしてそれはなくならないのか？「雇用のカリスマ」海老原嗣生が、ビジネスの常識をぶった斬る。

## 3 世界史をつくった最強の三〇〇人 小前亮

# 「世界史」はこう教えてほしかった！

歴史小説界の新しい才能・小前亮が、世界史に登場する人物のなかから「こいつが主人公の小説を書きたい！」という基準で324人を選んだ、まったく新しい「世界史の教科書」。

SEIKAISHA SHINSHO

次世代による次世代のための

# 武器としての教養
# 星海社新書

星海社新書は、困難な時代にあっても前向きに自分の人生を切り開いていこうとする次世代の人間に向けて、ここに創刊いたします。本の力を思いきり信じて、みなさんと一緒に新しい時代の新しい価値観を創っていきたい。若い力で、世界を変えていきたいのです。

本には、その力があります。読者であるあなたが、そこから何かを読み取り、それを自らの血肉にすることができれば、一冊の本の存在によって、あなたの人生は一瞬にして変わってしまうでしょう。思考が変われば行動が変わり、行動が変われば生き方が変わります。著者をはじめ、本作りに関わる多くの人の想いがそのまま形となった、文化的遺伝子としての本には、大げさではなく、それだけの力が宿っていると思うのです。

沈下していく地盤の上で、他のみんなと一緒に身動きが取れないまま、大きな穴へと落ちていくのか？　それとも、重力に逆らって立ち上がり、前を向いて最前線で戦っていくことを選ぶのか？

星海社新書の目的は、戦うことを選んだ次世代の仲間たちに「武器としての教養」をくばることです。知的好奇心を満たすだけでなく、自らの力で未来を切り開いていくための〝武器〟としても使える知のかたちを、シリーズとしてまとめていきたいと思います。

2011年9月

星海社新書編集長　柿内芳文

SEIKAISHA SHINSHO